Une vie exemplaire

JACOB

M. APPEL

Une vie exemplaire

Traduit de l'anglais par Anne Renon

Éditions
de La Martinière

Titre original : *The Mask of Sanity*
Éditeur original : The Permanent Press, New York

ISBN 978-2-7324-8525-6

Pour Rosalie

Avant-propos de l'auteur

Les sociopathes ou psychopathes – les deux termes sont largement interchangeables – sont devenus très familiers des lecteurs de la littérature occidentale. Depuis le Iago de Shakespeare jusqu'au Meursault de Camus, ces méchants, hommes ou femmes, sont avant tout dénués de sens moral. Bien plus que de simples dérangés ne sachant différencier le bien du mal, ce sont des créatures manipulatrices et intéressées qui connaissent parfaitement les limites, mais s'en moquent.

Durant ma carrière de psychiatre à New York, où j'ai pu collaborer avec les services de police, l'occasion m'a été donnée de rencontrer des personnes qui portent ce que Hervey M. Cleckley, qui fut une figure d'autorité mondiale en matière de sociopathies, appelait « *The Mask of Sanity*[1] » – le masque de la bonne santé mentale –, alors qu'elles sont incapables d'éprouver la moindre empathie ou compassion pour leurs

1. *The Mask of Sanity*, Hervey M. Cleckley, 1941, ouvrage de psychiatrie clinique décrivant les sociopathes. C'est également le titre original d'*Une vie exemplaire*. (Toutes les notes sont de la traductrice.)

congénères. Ce qui suit tente de retranscrire l'état d'esprit d'un criminel de ce genre.

Trop souvent, la littérature nous porte à imaginer que ces monstres d'immoralité évoluent en marge de la société, au plus bas de l'échelle, tel le Raskolnikov de Dostoïevski. Cependant, la révélation des derniers scandales financiers et autres systèmes de Ponzi[1] nous a permis de prendre conscience que des personnes dénuées de sens moral gravitent aussi dans les hautes sphères du pouvoir, qu'il soit financier, législatif ou médical. Ils sont là, tout autour de nous, souriant et perpétrant le mal.

1. Type de montages financiers frauduleux.

ACTE I

1

Tuer, comme Balint l'avait découvert, c'était plutôt facile. *Ne pas* tuer, au contraire, exigeait discipline et retenue. Sa carrière de médecin l'avait peut-être habitué à la mort, ou bien son calme intrinsèque lui avait permis de mettre ses émotions de côté. Le besoin impérieux de garder sa femme ou encore sa haine pour Warren Sugarman l'incitèrent sans doute à dépasser les limites de la moralité. Toujours est-il qu'il finit par considérer le meurtre comme un acte routinier, un vulgaire désagrément, comme ses quatre week-ends d'astreinte annuels au service de cardiologie de l'hôpital. Jamais, pas même au moment de serrer les mains autour du cou d'innocentes victimes, il ne ressentit une once de culpabilité. Il redoutait parfois que cela ne finisse par lui arriver : le remords l'inciterait-il un jour à tout avouer pour de mauvaises raisons, tels Raskolnikov ou Leopold et Loeb[1] ? Bien plus tard, une fois son

1. Deux étudiants qui enlevèrent et tuèrent un garçon de quatorze ans, en 1924, à Chicago, persuadés que leur intelligence leur permettait de commettre le crime parfait.

engagement devenu total et irréversible, ces inquiétudes s'évanouirent.

Neuf mois plus tôt, ce médecin si consciencieux n'aurait pu imaginer se métamorphoser en assassin calculateur. Mais par un samedi après-midi où il pleuvait à verse, il percuta un teckel au pelage moucheté. Il observa, impuissant, sa vie se détacher de ses amarres. Il venait de déjeuner avec ses parents à Hager Heights et rentrait chez lui. Amanda, prétextant un mal de dents, s'était excusée – comme souvent. Les filles étaient parties en camp de vacances. Balint se rappelait qu'il était de très bonne humeur ; il venait d'être promu, ce qui faisait de lui, à trente-quatre ans, le plus jeune chef de service de l'hôpital méthodiste de Laurendale. C'est à ce moment-là que le malheureux chien surgit d'une haie de forsythias.

Sur un sol sec, Balint aurait freiné à temps. Sous cette pluie battante, les pneus de la Mercedes patinèrent et l'animal rebondit sur la carrosserie.

Il roulait vers l'est sur Meadow Drive – un raccourci entre Chestnut Street et Hamilton Boulevard –, la route était déserte. À gauche, le club de loisirs, où une colonie d'oies du Canada avait trouvé refuge le long du terrain de golf. À droite, des haies denses isolaient une rangée de maisons haut de gamme. Plus loin, un mur de briques blanchi à la chaux. Balint, sous le choc, resta un moment sans bouger au volant de sa voiture. Si quelqu'un avait assisté à l'accident, il aurait certainement accouru pour offrir son aide. Personne ne vint. Rien ne l'empêchait d'abandonner le teckel à son sort et de redémarrer. Le plus simple était de fuir, se dit-il. Au lieu de cela, il se comporta en homme bien.

Le chien gisait, inconscient, mais respirait encore. Le sang avait rougi le blanc de son œil, l'os du genou dépassait sous la fourrure du postérieur gauche. Le pauvre animal tremblait de tout son long, de froid ou de douleur. Balint enveloppa la créature dans son blouson. La pluie plaquait sa chemise contre son torse, et il réalisa trop tard que l'eau pourrait endommager le biper de l'hôpital. Il avait d'abord songé à conduire le chien à la clinique vétérinaire. Mais au moment de soulever le corps lourd et trempé, il se rappela que son collègue Sugarman, un chirurgien spécialisé en transplantations cardiaques, habitait un bloc de maisons plus loin. En une fraction de seconde, il prit la décision qui allait changer sa vie : il porta l'animal blessé jusqu'à la maison de Sugarman.

Sa fille et le fils de Sugarman étaient dans la même classe à Laurendale Prep. Amanda et la mère du garçon jouaient au tennis ensemble. En quelques années, une relation amicale s'était nouée entre eux ; sans être intimes, ils partageaient une même vision du monde et faisaient partie du même cercle social. Les deux hommes avaient suivi la même école de médecine et étaient sortis de l'université de Columbia à trois ans d'intervalle. Ils fréquentaient la même synagogue de High Holidays. Quand Balint croisait Sugarman dans les couloirs de l'hôpital, il appréciait sa bonne humeur débordante. De toute évidence, s'il mariait un jour ses filles, Sugarman ferait partie des invités, même si le récent divorce de ce dernier compliquerait le plan de table. En même temps, si Sugarman venait à disparaître du paysage, s'il acceptait un poste dans un autre État, était victime d'une rupture d'anévrisme, Balint n'éprouverait pour ainsi dire rien. Mais pour l'heure, la seule chose à laquelle il pensait, c'était que le chirurgien habitait tout près et qu'il pourrait sauver le malheureux chien.

Par la suite, Balint eut l'occasion de réfléchir à tous les imprévus qui avaient inexorablement conduit à la suite des événements. Après tout, si la chaussée n'avait pas été mouillée ou s'il avait quitté ses parents quelques secondes plus tôt, il aurait pu éviter le dérapage. Il aurait pu ne pas se rappeler que Sugarman habitait Meadow Court. Il aurait pu envisager qu'un chirurgien spécialisé en transplantations cardiaques ne saurait que faire d'un roquet à la patte cassée. Mille autres choses *auraient pu* advenir. Mais le fait est qu'il décida de s'avancer dans l'allée de Sugarman, les bras ployant sous son chargement, et qu'il remarqua rapidement une Saab Sedan qui lui était familière, garée sous le panier de basket. Là encore, il aurait pu décider d'éviter le pire, faire demi-tour pour aller chercher de l'aide ailleurs. Au lieu de quoi il se faufila sur le côté de la maison.

Le jardin de Sugarman ressemblait au sien à s'y méprendre : une terrasse en dalles équipée d'un barbecue, une balançoire, un carré potager entouré de grillage à poules. Lui, en revanche, n'avait pas de piscine. Malgré la pluie, l'arrosage – sans doute automatique – était en marche.

Balint gravit les escaliers en bois de la terrasse qui faisait le tour de la maison. Il jeta un œil à la première fenêtre et à la cuisine, vide. La deuxième fenêtre donnait sur une salle de bains obscure. Arrivé à la troisième, à l'autre bout de la terrasse, il découvrit un grand salon, meublé à peu près comme le sien, deux causeuses et un canapé tournés vers une télévision grand écran.

Le chirurgien était tranquillement installé sur le canapé, un verre de cognac à la main. Amanda avait posé la tête sur ses genoux, ses pieds nus sur l'accoudoir. Il entremêlait ses doigts dans sa chevelure châtain. Alors que le cerveau de Balint s'escrimait à trouver une explication forcément anodine à ce rendez-vous, Sugarman posa son verre et glissa la main – celle-là même qui avait l'habitude d'entailler la chair humaine – sur la joue d'Amanda, le long de son cou, de sa poitrine. Puis il se pencha en avant et frotta son nez contre le sien – un geste intime, sensuel.

Balint les regardait, paralysé, le chien serré contre sa poitrine. Il sentit le corps se relâcher imperceptiblement, la pauvre bête était morte. C'en était trop. Il redescendit de la terrasse et laissa tomber la dépouille dans un parterre de fleurs. Ce n'était plus son problème.

Sur le trajet du retour, il fut pris de violents tremblements, comme le chien plus tôt, et tandis qu'il passait au-dessus de l'autoroute sur l'Avenue Roosevelt, une envie furieuse de se balancer par-dessus bord avec sa voiture le saisit. Sans savoir comment, il parvint à résister.

*

Balint était déjà sorti avec des filles plus mignonnes qu'Amanda Uransky. Ils avaient couché ensemble à l'université puis il l'avait laissé tomber, assez brutalement, pour aller voir ailleurs. Contrairement aux autres femmes qu'il avait pu malmener, elle avait accepté la rupture sans sourciller ; au lieu de pleurer et de geindre, elle l'avait simplement serré dans ses bras et lui avait envoyé une carte de vœu à chacun de ses anniversaires pendant les quatre années qui avaient suivi. Le hasard les avait fait se rencontrer de nouveau, dans la bibliothèque de l'école de médecine où il révisait son examen d'anatomie, et où elle enregistrait les prêts de livres. Cela avait été si bon de trouver refuge dans la chaleur de ses bras, loin de ses nuits glaciales habituellement dévolues à la pharmacologie et aux symptômes de maladies méconnues. Peu lui importait le surplus de graisse sur ses hanches, ses yeux noirs – par ailleurs envoûtants – un peu trop rapprochés et enfoncés. Lorsqu'ils décidèrent de se marier, Balint se félicita de son choix. Sa fiancée possédait toutes les qualités pratiques que lui n'avait pas : elle avait su marchander avec les traiteurs et menacer le fleuriste de le congédier. Un soir où ils avaient crevé en route en se rendant à un dîner, elle s'était mise à genoux pour lui montrer comment changer la roue.

Leur mariage remontait à neuf ans. Depuis, deux filles étaient nées. Il essayait de se rappeler sa vie d'avant mais le Jeremy Balint célibataire semblait aussi inaccessible à sa mémoire que les neuf mois qu'il avait passés dans le ventre de sa mère.

De retour chez lui, il trouva un petit mot qu'Amanda avait laissé sur la table dans l'entrée : « Mes dents vont mieux. Suis partie faire du shopping. Je reviens vers 16 heures. »

Il n'éprouva aucune haine, pas au début. Il ne se sentait pas vraiment sonné, plutôt accablé par un profond sentiment d'impuissance. Comment pourrait-il vivre sans Amanda ? Comment préparer les justificatifs pour le comptable, où chercher la clef de leur coffre-fort, comment joindre le pédiatre ? Il n'en avait pas la moindre idée. Il ignorait dans quelle banque se trouvaient leurs économies, à quel montant elles s'élevaient. Quand bien même il obtiendrait la garde de ses filles en cas de divorce – un bon avocat pourrait lui arranger l'affaire – il ne saurait pas élever des enfants. La cardiologie représentait un pan de sa vie – le seul qu'il maîtrisait –, Amanda s'occupait du reste. Et maintenant l'un de ces deux piliers menaçait de s'effondrer.

Il passa l'après-midi à lessiver le pare-chocs de la Mercedes et les manches de sa chemise pour en faire partir le sang. Le blouson était irrécupérable ; il creusa un trou peu profond pour l'enterrer derrière le tas de bois.

Amanda rentra à 16 heures précises. Les sièges arrière de la Saab étaient chargés de sacs de courses qu'il dut aider à porter à la cuisine. Le ciel était dégagé ; seules quelques flaques d'eau subsistaient dans l'allée.

– Il y avait une promo sur le papier toilette, dit-elle. Quatre-vingts centimes le rouleau. J'en ai pris vingt.

– On n'en a jamais trop. Tu aurais dû en prendre plus.

En réalité, il brûlait de lui demander : depuis combien de temps ça dure ? Comment peux-tu faire ça à nos filles ? Qu'est-ce qu'il a de plus que moi, ce Sugarman ? Tu vas me quitter ? Mais il n'osa pas, redoutant les réponses qu'elle pourrait lui donner.

Il déposa les derniers sacs sur le plan de travail.

– Tu aurais préféré une promo sur les enclumes ?

Elle discutait sur un ton léger, comme si elle avait effectivement passé l'après-midi à dénicher des promos.

– Et tes dents ?

– Ça fait encore un peu mal mais ça va mieux, merci.

– Tant mieux.

Une réponse aussi simple que celle-ci lui semblait maintenant étrange. Avait-elle perçu une intonation inhabituelle dans sa voix ? Allait-elle penser qu'il se moquait ? Aurait-il répondu de la même manière s'il n'avait pas su ?

– Ça te dit d'aller manger un bout en ville ? demanda-t-elle. Dans un endroit un peu romantique ?

– Je suis désolé, j'ai de la paperasse, dit-il.

Amanda s'approcha derrière lui et lui passa les mains autour de la taille – ce qu'elle ne faisait jamais... Elle compensait manifestement ses incartades de l'après-midi. Balint se creusa la tête pour tâcher de se souvenir si elle avait eu des gestes inhabituels ces temps derniers.

– Allez, Jeremy. Ça peut attendre le mois prochain, quand les filles seront revenues de colo.

Elle posa le menton sur son épaule.

– Dis-moi exactement combien de nuits tu peux passer en tête-à-tête avec ton épouse dévouée ?

S'il devait se mettre à haïr Amanda, c'était le moment. Mais il se sentait confus, ses pensées en proie à une véritable tempête. Il la suivit dans ce petit restaurant qui donnait sur le port pour un dîner aux chandelles, et ils mangèrent une glace dans le salon de thé vieillot en face de la gare. Il donna le change mais, tout en parlant des filles et des vacances à Disney World prévues en novembre, il se voyait jouer un rôle.

Il se demandait comment repousser Amanda si elle avait envie de lui ce soir-là. Il refuserait, bien sûr, il devait poser des limites. Il se trouva finalement aussi soulagé que déçu : elle n'entreprit rien.

*

La rencontre entre Warren Sugarman et Balint, deux jours plus tard, ne pouvait raisonnablement être qualifiée de fortuite. L'équipe de Balint n'était pas d'astreinte ce mois-là et ses consultations privées se comptaient sur les doigts d'une main. Il trouva cependant une excuse pour déambuler dans les services, à la recherche d'un spécialiste qu'il n'aurait pas vu depuis des mois. Il engagea la conversation devant le bureau des infirmières, au milieu du va-et-vient du personnel soignant. Fatalement, il finit par croiser l'amant de sa femme.

Sugarman sortait de l'ascenseur entouré d'un groupe d'internes en combinaison bleu-vert qui ne le lâchaient pas d'une semelle. Le chirurgien portait un costume couleur bronze, sur une chemise bordeaux, ainsi qu'un nœud papillon bleu lavande – une pochette assortie dépassait de sa poche de poitrine. Il marchait à reculons, comme un guide devant un attroupement de touristes, déclamant des indications à ses subalternes. Apercevant Balint devant le distributeur de sodas, il s'interrompit et répartit ses disciples sur leurs différentes tâches.

– Balint ! appela-t-il. Alors, ce nouveau service, ça roule ?

– Disons que je n'ai pas encore atteint ma vitesse de croisière.

Sugarman s'avança et lui donna une claque dans le dos.

– Les cardiologues n'auront pas fini de m'étonner. J'essaye régulièrement de me replonger dans mes cours de physio, mais je ne vais pas plus loin que le cœur et les reins.

Il jeta un œil à sa montre.

– Je suis bien meilleur en tuyauterie. Tout le monde a besoin d'un bon plombier.

– Surtout le samedi après-midi, dit Balint.

– T'as raison ! Surtout le samedi après-midi.

Les portes de l'ascenseur réservé au personnel s'ouvrirent. Ils reculèrent pour laisser passer une équipe d'aides-soignantes et leurs chariots de plateaux-repas.

– Il m'est arrivé une sale histoire, continua Sugarman. Quelqu'un a tué le chien de mon voisin et balancé sa carcasse dans mes rosiers. C'est fou, tu ne trouves pas ?

– C'est arrivé quand ?

Avait-il eu raison de poser cette question ? Ne faisait-il pas preuve d'une trop grande curiosité ?

– Ce week-end. J'allais admirer mes glaïeuls – je teste une nouvelle variété cette année – et, en plein milieu de ma roseraie, je tombe sur ce bout de viande. Ça puait et, tu aurais vu ça, il y avait des mouches partout, dit-il en agitant la main sous son nez.

– Des mouches, répéta Balint. C'est mauvais signe.

Toute la matinée, il avait espéré tomber sur Sugarman. Maintenant qu'il se trouvait nez à nez avec l'amant de sa femme, il n'avait qu'une envie, se débarrasser de lui. De quoi pourraient-ils bien parler ?

Certains maris plus courageux y seraient allés directement : combat à mains nues, duel au pistolet. Il avait entendu parler d'épouses, soi-disant en avance sur leur temps, qui venaient compter les points en applaudissant les deux rivaux. Balint n'était pas du genre héroïque, il ne voulait pas se battre, pas plus qu'accepter l'état de fait. Ce qu'il voulait, c'était que Sugarman arrête de baiser sa femme. Tout simplement. L'ennui, c'est qu'une telle requête serait pour le moins humiliante.

– Balint ? Ça va ?

Sugarman avait continué à lui parler, de banalités sans doute à propos du chien, mais il n'avait pas écouté.

– Ça va, une simple migraine.

– Faut te ménager, mon vieux. On ne rajeunit pas, dit Sugarman en se tapant le ventre. Tu veux connaître ma dernière trouvaille ? Ça ne t'intéressera pas mais je te le dis quand même : *le biscuit dément*, je vais devenir millionnaire avec ça. C'est la même chose que les *fortune cookies*[1], sauf qu'à l'intérieur ils ont tous le même message : « Ceci est un biscuit ». La moitié des trentenaires du pays voudra s'arracher les paquets pour en offrir à leur père. Qu'en dis-tu ?

– Il faut y réfléchir.

– Allez, je ne t'embête plus avec mes idées de génie. Je ferais mieux d'aller retrouver les internes avant qu'ils ne me piquent mon poste. Il faudra venir à la maison, Amanda et toi, dîner avec le pauvre

1. Littéralement, « biscuits de la fortune » : beignets chinois contenant un petit bout de papier sur lequel est inscrite une maxime ou un horoscope.

célibataire que je suis. Gloria peut bien m'extorquer toute ma paye, je ne la laisserai pas partir avec mes amis. Quand pouvez-vous venir à la maison ?

– Je ne sais pas, j'ai beaucoup de choses ce mois-ci.

Sugarman ne s'en formalisa pas.

– Je vous appelle. Et va prendre un Ibuprofène avant d'avoir la tête qui explose !

Son rival lui donna une nouvelle claque dans le dos et s'éloigna dans le couloir, le laissant seul, devant les ascenseurs. Quelques secondes plus tard, le code 7000 clignota sur les écrans – arrêt cardiaque –, une équipe de secours passa avec le chariot d'urgence et le défibrillateur. Balint récita une courte prière, plus par habitude que par foi. Pendant un court moment, il souhaita être à la place du mourant.

*

Cet après-midi-là, Balint s'occupa quasi machinalement de ses patients : il prit leur tension, prescrivit des électrocardiogrammes. Ce qui l'étonnait, c'est que ce soit aussi facile de travailler en pilote automatique. Il questionna, consola, conversa même avec des personnes âgées souffrant d'insuffisance cardiaque – la majorité de ses patients. Personne ne remarqua son état, il en était certain. Six heures d'affilée, il prit des nouvelles des enfants, des petits-enfants, de leur niveau d'études. Il fit l'éloge de confrères qui traitaient eux aussi ses patients : ophtalmologues, endocrinologues et autres spécialistes dont les noms lui semblaient vaguement familiers. Il s'attarda même à retirer l'écharde du doigt d'une adolescente qui accompagnait sa grand-tante. Cependant, Balint aurait été incapable de rendre compte des propos échangés tout au long de cette journée ; il se rappelait à peine quels patients il avait examinés.

Il mourrait d'envie de parler à quelqu'un. *N'importe qui*. Pour essayer de comprendre comment sa vie avait pu se détériorer aussi vite et réfléchir à la façon de recoller les morceaux. Hélas ! Il devait faire face à une seconde évidence : il n'avait personne à qui parler. Il avait bien sûr des tas d'amis. Des copains d'université, de l'école de médecine, les joueurs de baseball de l'équipe du lycée qu'il retrouvait chaque année pour le Memorial Day. Pour une partie de squash, de billard ou de pêche, il pouvait compter sur tout un répertoire rempli de collègues ou de voisins. Mais pour les questions plus intimes, il n'avait personne vers qui se tourner.

Pourquoi pas Steinhoff, le jeune Israélien branché qui avait remplacé le rabbin Felder ? Mais il le connaissait à peine. Il pourrait prendre rendez-vous avec un thérapeute ; mais sa précédente expérience avec la psychiatrie – à seize ans, suite à la crise d'asthme qui avait été fatale à son père – n'avait fait qu'attiser sa colère et son trouble. Pas d'oncles, pas de cousins. Ses proches se résumaient à Amanda, les filles, sa mère et son beau-père ; mais face aux événements difficiles, ses parents préféraient le déni. Le jour où sa tante Clara, atteinte d'un cancer du foie, développa des métastases sur la colonne vertébrale, la mère de Balint attribua les douleurs aux rhumatismes. Quand il fut refusé à Princeton, son premier vœu, elle l'obligea à téléphoner au secrétariat pour vérifier qu'il ne s'agissait pas d'une erreur administrative. Balint pouvait certes parler à ses parents mais il n'avait pas envie d'écouter sa mère lui expliquer que les gestes de Sugarman n'avaient rien de sexuel. Il l'entendait déjà : « C'était peut-être un examen médical. Elle devait être en train de s'étouffer, il vérifiait… » À la fin de la journée, il dut se résoudre à admettre qu'il était bel et bien seul.

Une fois terminée sa dernière consultation, Balint n'était pas pressé de rentrer. À quoi bon ? Pour continuer à faire semblant jusqu'à ce qu'elle se débarrasse de lui ? Qui sait, peut-être avait-elle déjà fait mettre leur maison à son nom à elle ? Elle se préparait sans doute pour emménager prochainement chez lui à Meadow Court… C'est ce qu'il aurait fait à sa place. Mais, bien sûr, il n'y était pas, à sa place. Ce n'était pas lui qui avait une aventure extraconjugale. Malgré toutes les jolies femmes qu'il avait rencontrées depuis son mariage – infirmières, hôtesses de l'air, visiteuses médicales qui dînaient régulièrement avec lui –, il n'avait jamais envisagé de tromper Amanda. Pas une seule fois. Cela ne l'empêchait pas d'avoir des désirs, comme tout le monde. Seulement il attachait bien plus d'importance au bien-être de ses filles, à la stabilité de leur foyer, qu'à la satisfaction d'un plaisir fugace sensé flatter son ego. Il n'avait jamais envisagé qu'elle puisse le tromper – pourquoi l'aurait-elle fait ? –, il la voyait comme quelqu'un qui fait passer sa famille avant ses aventures sordides. Voilà, se lamenta-t-il, à quoi mène l'honnêteté.

Balint mit à jour les factures du mois et tua une heure à réorganiser son classeur. Le soleil avait déjà disparu derrière les bâtiments du laboratoire voisin lorsqu'il éteignit les lumières et rejoignit le parking. Il conduisit sans but à travers la ville, jusqu'à ce que les dernières lueurs du jour s'évanouissent. Pour se torturer davantage, il passa devant la maison de Sugarman, mais la Saab grise n'y était pas. Il alluma la radio et écouta distraitement les dernières nouvelles du monde.

Quelles leçons peux-tu en tirer, Balint ? Il se posait toujours cette question après un échec, une erreur de prescription, un cathéter mal posé... C'est ce qui lui avait valu sa rapide ascension au sein de l'hôpital. Cependant, maintenant que cela concernait sa vie personnelle, la réponse lui parut évidente : les règles étaient faites pour les losers.

Toute sa vie, il s'était comporté en citoyen exemplaire : travailleur, honnête, fidèle. Il privilégiait l'intérêt de ses patients, suscitait la fierté de sa mère et son beau-père, s'efforçait de montrer le bon exemple à ses enfants. Depuis longtemps, il avait accepté que sa droiture ne le mette pas à l'abri de certains malheurs – un accident de voiture, la chute du cours de ses actions, la crise d'asthme fatale de son père –, mais il ne pouvait s'empêcher de croire qu'une vie vertueuse devait protéger un homme des trahisons, qu'elles proviennent de ses amis ou de sa famille. Manifestement, il se trompait. Sugarman – l'homme aux deux visages, l'un plaisant, l'autre infâme – avait bafoué une règle fondamentale et se voyait récompensé en couchant avec Amanda.

Alors maintenant ? Même s'il trouvait un confident, avait-il encore des pensées dignes d'être partagées ? Balint désirait poser ses mains autour du cou de son rival et serrer jusqu'à lui faire sortir les yeux de la tête. Il l'imaginait à genoux devant lui, suppliant qu'on le relâche, les lèvres chevrotantes, le visage livide, qu'on lui donne une seconde chance. Une minute encore et Sugarman, boursouflé, avait la langue pendante ; Balint sentait littéralement le poids de sa victime tandis qu'il la laissait glisser à terre.

S'il avait pu tuer son adversaire sans que cela ne prête à conséquence, il serait déjà passé à l'acte. Après tout, pourquoi se ferait-il pincer ? Il ne serait pas un assassin de seconde zone ; il avait fini premier de sa promotion. S'il était suffisamment intelligent pour devenir chef de service à seulement trente-quatre ans, pourquoi ne parviendrait-il pas à éliminer l'amant de sa femme en toute impunité ? Il en était parfaitement capable.

Voilà comment Balint, alors qu'il longeait l'école privée de Laurendale – où ses innocentes petites filles suivaient respectivement les cours de première et troisième année – pour rentrer chez lui, décida d'assassiner son ancien camarade d'école et ami, Warren Sugarman.

2

Et puis un miracle se produisit : il ne se passa rien.

Suite à sa découverte, Balint s'attendait à voir sa relation avec Amanda métamorphosée mais, en réalité, la routine continua son chemin. Il essayait de repérer les prétextes dont pouvait user Amanda pour rejoindre Sugarman, mais son comportement n'avait rien d'inhabituel. Pas d'appels nocturnes passés en cachette depuis le cellier, aucune tentative pour échapper aux invitations de leur entourage, si ce n'était les samedis après-midi, une semaine sur deux, quand il se rendait à Hager Heights pour déjeuner chez ses parents. Il essaya de se rappeler la toute première fois où elle avait évité un de ces repas et constata, effaré, que cela remontait à des années. Était-il possible que sa relation avec Sugarman dure depuis si longtemps ? Ils se donnaient peut-être rendez-vous en semaine, quand elle était supposée travailler à la bibliothèque… Mais Balint l'appela plusieurs fois sur le téléphone fixe les jours suivants, pour diverses raisons, et elle répondait immédiatement, à chaque fois.

Il voulut précipiter sa visite chez ses parents, dès le week-end qui arrivait, pour voir si Amanda profitait de toutes les occasions, mais renonça de peur d'éveiller des soupçons. Il patienta jusqu'au samedi d'après. Cette fois-ci, Amanda ne chercha aucune excuse : ni rage de dents, ni mal de ventre, ni réunion. Au petit-déjeuner, le sourire aux lèvres, elle lui annonça simplement :

– Je n'ai pas le courage d'affronter ta mère aujourd'hui. Ça ne te gêne pas d'y aller seul ?

– Ça fait des mois que tu ne les as pas vus.

– Je suis sûre qu'ils s'en moquent. Embrasse-les pour moi. Je viendrai les voir quand les filles seront rentrées, dit-elle en lui resservant du café.

– Et tu vas faire quoi pendant ce temps ?

– J'ai envie d'aller m'acheter une robe pour le mariage d'Allison Sucram.

Balint se rappelait vaguement les Sucram, un couple qui jouait au bridge avec Amanda un mardi par mois. Allison devait être leur fille mais il n'aurait pu l'affirmer. Quant à ce mariage, il n'en avait aucun souvenir.

– Quand se marie-t-elle au juste ?

– En octobre. Le premier week-end. S'il te plaît, chéri, dis-moi que tu l'as noté sur ton agenda.

– Oui, oui, ne t'inquiète pas, mentit Balint.

– Tu as intérêt… Ah, j'oubliais, Warren Sugarman a téléphoné. Vous avez apparemment convenu de dîner un de ces soirs ensemble.

– Il m'en a parlé mais je n'ai pas vraiment dit oui.

– Je ne voulais pas paraître impolie. En même temps, ça m'embête que Gloria pense qu'on la trahit, qu'on prend la défense de son ex. Tu la connais…

Balint dévisagea son épouse. Le mettait-elle à l'épreuve pour voir ce qu'il savait ? Ou bien sa vie était-elle suffisamment compartimentée pour qu'elle puisse coucher avec Sugarman d'un côté et, de l'autre, se soucier de ne pas blesser son ex-femme ?

– C'est ton amie. Si tu veux envoyer paître Sugarman, ça ne me dérange pas.

– Je croyais que tu l'appréciais.

– Pas particulièrement. C'est un vrai boucher en salle d'op.

Balint n'avait pu résister, même si c'était un pur mensonge. Sugarman avait les mains les plus fiables du New Jersey. Il ajouta :

– Les infirmières le surnomment Sweeney Todd[1].

Le malaise se lut un court instant sur le visage d'Amanda.

– C'est affreux, répondit-elle. Gloria sera ravie de l'entendre, remarque. En tout cas, je ne pouvais pas lui dire non sans le blesser, nous avons fixé une date le mois prochain.

– C'est entendu. Mais arrange-toi pour ne pas avoir besoin d'un chirurgien au milieu du repas...

Il se leva, embrassa sa femme sur le front, l'un de leurs rituels du matin vieux de bientôt dix ans, et lui assura qu'il serait de retour pour 14 heures. Il parcourut la vingtaine de kilomètres qui le séparaient de Hager Heights, où ses parents habitaient un duplex situé au milieu d'une résidence pour seniors. Ils avaient emménagé là pour les soixante-dix ans de son beau-père. Le

1. Sweeney Todd, le barbier de Fleet Street, tueur en série du folklore anglais, plus ou moins inspiré d'un personnage réel ayant vécu au XIXe siècle à Londres.

complexe proposait trois niveaux de prise en charge : si vous n'étiez plus autonome, on vous faisait passer au deuxième niveau ; au troisième si vous aviez besoin de soins médicaux. Tous les bâtiments donnaient sur de petits jardins très bien entretenus. Le beau-père de Balint avait été vétérinaire et accessoirement inventeur, sans cesse en train de mettre au point une nouvelle trouvaille. Mais, à présent, il ne parlait plus que des résidents qui passaient au niveau supérieur.

Balint trouva ses parents installés sur la terrasse, devant la table en fer forgé, le déjeuner qu'ils avaient préparé à l'abri sous une feuille d'aluminium. Son beau-père posa le journal du matin et lui serra la main vigoureusement.

– Comment va le travailleur ?

– Il survit, répondit Balint.

Sa mère retira le film du saladier et servit les feuilles de laitue et les tomates cerises.

– Tu es seul ?

– Malheureusement, Amanda a encore mal aux dents.

Sa mère fronça les sourcils.

– Il lui en reste encore quelques-unes ? Tu devrais lui acheter un dentier qu'on puisse la voir de temps en temps.

– Elle vous embrasse.

– Quand l'a-t-on vue pour la dernière fois ? Il y a trois mois ? Quatre ?

Elle posa une assiette devant lui.

– Je vais finir par croire qu'elle s'est évaporée, ou enfuie. Si tu nous caches un divorce, Jeremy, tu auras ma mort sur la conscience.

– Personne ne parle de divorce, Lily, coupa son beau-père. Ne dis pas des choses pareilles.

– Je blaguais. Bon sang, Henry, tu as perdu ton sens de l'humour ? L'important, dit-elle à son fils, c'est que toi tu sois là. Veux-tu un blini au fromage ou à la fraise ?

Balint savait que sa mère ne parlait pas sérieusement, et ce n'était sans doute pas la première fois qu'elle le taquinait ainsi, mais il n'y avait jamais prêté attention jusque-là. Comment réagirait-elle s'il lui annonçait qu'il voulait vraiment divorcer, là, maintenant ? Elle serait anéantie. Amanda était loin d'être une belle-fille exemplaire, et sa mère devrait accepter le fait que son fils puisse y être pour quelque chose. Toutefois, maintenant qu'il avait décidé de tuer Sugarman – une idée qu'il chérissait de plus en plus depuis une dizaine de jours –, il ne voyait plus la nécessité de mettre un terme à son mariage.

Il s'efforça de se comporter normalement même si son esprit restait focalisé sur la même question : la voiture d'Amanda serait-elle garée dans l'allée de Sugarman ? Il avait mal à la tête mais resta avec ses parents aussi longtemps que d'habitude, feignant d'admirer les dernières aquarelles de sa mère. Dès que l'horloge sonna 13 heures et que son beau-père s'allongea pour la sieste, Balint se dépêcha de partir et roula à toute vitesse pour se rendre à l'adresse du chirurgien.

En voiture, il mit sa station préférée, Golden Oldies. La Mercedes s'emplit de paroles dédiées aux amours adolescentes. Il se sentait triste. Et stupide. Quel idiot d'avoir pensé qu'Amanda serait à lui pour toujours. Il n'avait pas su profiter de sa chance depuis toutes ces années. Il se souvint qu'après leur emménagement à Laurendale, Amanda avait pris l'avion pour rejoindre sa grand-mère mourante en Floride ; il avait alors entendu à la radio qu'un vol pour New York s'était écrasé sur le tarmac à Miami. Il savait que sa femme n'était pas à bord, qu'elle ne devait rentrer que le lendemain ; la nouvelle l'avait pourtant tétanisé et il avait ressenti le besoin pressant d'entendre sa voix au téléphone. Elle baisait peut-être déjà en douce avec Sugarman à cette époque.

Au bout de Chestnut Street, il tourna sur Meadow Drive. C'était un bel après-midi d'août. Sur le terrain de golf, les oies du Canada avaient cédé la place aux voiturettes électriques et aux jeunes caddies qui suivaient les joueurs. Aucune trace de son accident avec le teckel. Cela le surprit. Il avait craint de trouver quelque vestige de la catastrophe – peut-être une légère tache de sang sur la chaussée – mais rien. Bien sûr, ses inquiétudes étaient démesurées, à la limite de la paranoïa.

Sur le trottoir d'en face, une femme au corps sec et au visage étroit faisait son footing – Bonnie Kugler, une amie de sa femme, qui habitait le quartier, connue pour ses opinions anticonformistes. Elle ne vit pas Balint derrière son volant, ou bien choisit de l'ignorer. Un aboiement qui surgit de derrière le mur de briques blanches le fit sursauter. Il dirigea la Mercedes sur Meadow Court.

Tout comme il l'avait espéré – et redouté –, il trouva la Saab gris argenté d'Amanda garée dans l'allée. Cette fois, Balint ne s'aventura pas plus loin. Au lieu de quoi, il arrêta la voiture sur le côté et se mit à pleurer.

*

Les filles rentrèrent de leur camp de vacances le vendredi suivant. Les retrouvailles tout en câlins, chatouilles et histoires du soir ranimèrent sa tendresse pour Amanda. Ils firent l'amour cette nuit-là pour la première fois depuis un mois et il parvint à se laisser aller. Mais Balint comprit qu'il ne le faisait pas pour le plaisir, encore moins par affection. Il avait fait l'amour avec Amanda pour lui donner l'impression qu'elle était en sécurité, et pour qu'on ne le soupçonne pas une seconde d'avoir un motif pour tuer l'amant de sa femme. Le moment était décisif : à partir de là, toute son existence serait dirigée vers ce seul objectif.

Aussi ironique que cela puisse paraître, plus il pensait à supprimer Sugarman, plus il concentrait sa colère et son amertume vers ce but, plus il supportait les petits affronts quotidiens. Pour la Fête du Travail, alors qu'il était de garde à l'hôpital et qu'Amanda avait déposé les filles chez une voisine pour, soi-disant, faire un saut chez le coiffeur – Balint n'était pas dupe –, il réussit à se prélasser en salle de repos, se réconfortant à l'idée qu'il finirait par savourer sa vengeance. Au fil des semaines, l'idée de le tuer devenait presque abstraite. En effet, au-delà de la trahison, de l'infidélité ou de l'existence même de Sugarman, la raison qui motivait dorénavant Balint se résumait à un fait très simple : il avait *décidé* de l'éliminer, ni plus ni moins. Il avait besoin de se prouver qu'il en était capable, tout comme il avait voulu montrer qu'il était capable de finir premier de sa promo. Quand il tombait sur Sugarman à l'hôpital, ou le consultait pour un cas de transplantation cardiaque, il s'étonnait lui-même de la facilité avec laquelle il l'abordait, parce qu'il savait qu'il aurait le dernier mot. Quoi qu'il entreprenne – ratisser le jardin, donner des cours, emmener les filles cueillir des baies –, cette idée ne le quittait plus.

Il ne sentait plus d'urgence à agir. S'il voulait commettre un meurtre, il devait se montrer patient, et prudent. Dès qu'il avait quelques minutes, il dressait la liste des avantages et inconvénients des diverses méthodes d'exécutions. Il envisagea de mettre en scène un cambriolage, de sectionner le câble des freins de la BMW du chirurgien, d'injecter des doses croissantes d'arsenic dans sa nourriture. Si l'après-midi était calme, il se rendait à la bibliothèque de la ville voisine et lisait les comptes rendus des affaires de meurtres non résolues, comme ceux du Dahlia Noir ou des empoisonnements au Tylenol en 1982[1]. Jamais il n'empruntait les livres, ni les feuilletait en présence d'autres personnes. Il portait toujours ses gants de cuir. On n'est jamais trop prudent. À la mi-septembre, il connaissait dans leurs moindres détails les meurtres du Zodiac, la disparition de Diane Suzuki, les empoisonnements à l'herbicide Paraquat au Japon. Il avait lu *Une tragédie américaine* de Dreiser, *De sang-froid* de Capote. Au terme de ce mois de recherches, il avait compris que la plupart des « crimes parfaits » devaient une part de leur réussite à la chance. De nombreuses victimes s'étaient trouvées au mauvais endroit au mauvais moment ; des assassins n'étaient pas identifiés parce que la police avait mal fait son

1. Sept personnes meurent après avoir avalé des comprimés de Tylenol empoisonnés au cyanure, puis replacés dans leur boîte sur les rayons d'une pharmacie de Chicago.

travail. S'il s'était retrouvé à la tête d'une expérience, avec la garantie de plusieurs essais possibles, Balint s'en serait remis à ce mélange séduisant de savoir-faire et de chance. Mais il n'aurait qu'une seule occasion, une seule vie, il ne pouvait laisser quoi que ce soit au hasard. Il songeait à l'horreur de la prison, à ses filles : il fallait y arriver du premier coup.

Un troisième samedi à Hager Heights se présenta. Avec d'autres tomates qui avaient mûri au fond d'un camion. D'autres aquarelles. Un peu plus de louanges aimantes de sa mère et d'admiration coincée de son beau-père.

Balint n'avait pas encore de plan. Il avait néanmoins largement avancé : en six semaines à peine, il avait identifié plusieurs dizaines de méthodes qu'il n'emploierait certainement pas pour tuer Warren Sugarman.

*

Une autre chose étrange arriva. Un dimanche où Amanda devait travailler, il s'était rendu à la ferme de Marston Moor avec ses filles, afin d'acheter des citrouilles pour Halloween. Il tomba sur Gloria Sugarman et son fils. Il avait déjà discuté avec l'amie de sa femme à plusieurs reprises, chez lui ou lors de soirées, mais il ne se rappelait pas l'avoir rencontrée par hasard, encore moins à quarante-cinq minutes de chez lui. Elle avait pris au moins dix ans : des pattes d'oies étaient apparues au coin des yeux, son teint était cireux. Son fils, Davey, un garçon pâle et grassouillet, lui rappelait le petit cochon que Phoebe aimait tant voir en dessin animé. Il pensa, amusé, que cet enfant était un châtiment divin, même s'il ne ressemblait pas particulièrement à Sugarman. Ses filles pouvaient être fières d'arborer le menton volontaire de la famille Balint.

Gloria le repéra dans l'allée des tartes et confitures.

– Jeremy ! s'écria-t-elle. Jeremy Balint !

– Quelle surprise !

Il envoya Jessie et Phoebe choisir une énorme citrouille.

– Que c'est bon de te voir ! dit Gloria.

Ils se tenaient l'un en face de l'autre dans l'air chargé d'odeurs maraîchères. Une charrette de foin arriva sur le parking et se délesta d'une flopée d'adolescents braillards. Dans le gravier, étourneaux et passereaux grappillaient les fruits tombés devant la balance qui servait à peser les cagettes. Balint n'avait rien à lui dire.

– As-tu revu Warren ? demanda-t-elle.

– Oui, à l'hôpital. Pas en dehors.

Il évita de mentionner leur dîner prochain.

– Ne vous gênez pas pour moi, je peux comprendre. Mais c'est un salaud, je préfère te prévenir.

Ça, je sais. Il s'interdit tout commentaire mais ne put s'empêcher de penser : *Toi, Gloria, tu le détestes, mais moi je vais le tuer.* Ces paroles résonnèrent en lui comme un serment, et il ne put réprimer un sourire.

– Un sacré salaud. Ne lui fais pas confiance.

Balint jeta un œil autour de lui pour s'assurer que les filles ne pouvaient pas les entendre. Inutile qu'elles répètent leur conversation à Amanda. Dans l'un des ouvrages qu'il avait feuilletés à la bibliothèque de

Pontefract, il était question d'un perroquet qui avait involontairement dénoncé son maître, voleur de chats.

– J'espère que tu as tourné la page. Tu as bonne mine.

– Tu veux rire. Je suis affreuse, répondit Gloria. D'ailleurs, j'ai repris mon nom de jeune fille, Gloria Picardo. Je n'ai jamais aimé Sugarman... on dirait un gâteau au gingembre, pas vrai ?

– Gloria Picardo, répéta Balint. Je le dirai à Amanda.

Il se tourna vers la montagne de citrouilles, puis mit un terme à leur discussion :

– C'était bien de te revoir. À bientôt, sans doute.

Il ne parla pas de la rencontre à Amanda.

*

Le dîner chez Sugarman avait lieu le jeudi suivant. Amanda fit venir une baby-sitter – une jeune fille effacée qui avait travaillé pour la cousine d'une femme avec qui Amanda avait suivi un cours de poterie – une histoire de ce genre. Il avait du mal à cerner toutes les activités de son épouse, sans parler de toutes ses amies. Suivait-elle réellement des cours de poterie ou bien couchait-elle avec le professeur ? Son intuition lui disait que sa femme n'avait pas d'autres Sugarman dans sa vie. Son amant était peut-être un coureur, mais ce n'était pas dans la nature d'Amanda. Une aventure à la rigueur. Pas deux. En tout cas, il voulait s'en persuader. Que son rival ait détourné sa femme du droit chemin justifiait d'autant plus son assassinat.

Balint n'avait aucune envie de passer la soirée en compagnie de Sugarman. Il aurait pu repousser la date mais ne pouvait éternellement l'éviter sans attirer les soupçons. Il valait mieux en finir au plus vite avec ce dîner, crever l'abcès. Une vraie torture. Et pourtant même la torture peut s'avérer supportable quand on sait que la fin est proche.

Ils partirent en Saab. Amanda se gara le long du trottoir et non dans l'allée, sous le panier de basket. Balint avait apporté un cabernet-sauvignon. Il était fier de ne pas avoir cédé à l'alcool – il n'appartenait pas à la catégorie des meurtriers imbéciles qui laissent leurs émotions prendre le dessus.

Sugarman lui serra la main, puis se permit une brève accolade. Il n'osa aucun contact physique avec Amanda.

– Alors, nous avons plusieurs possibilités. On peut commander en italien. Ou alors en indien. Ou bien on commande en sushi.

Il tendit à Balint un paquet de prospectus.

– Nous pourrions aussi aller frapper chez Gloria et lui demander de nous préparer à manger, mais je la soupçonnerais de glisser quelques gouttes de cyanure dans mon assiette. Alors, on mange quoi ?

– Je vote pour le cyanure, répondit Balint. Il paraît que ça a le goût d'amande.

Sugarman les conduisit au salon, l'endroit même où Balint les avait surpris.

– Ça *sent* l'amande. On dit que le goût est amer mais le cyanure anesthésie probablement la langue, alors c'est difficile à dire…

– Tu as l'air de t'y connaître en poisons.

– Un peu. On n'est jamais trop prudent. Surtout avec une ex-femme en liberté.

Balint scrutait son rival à l'affût du moindre signe à l'intention d'Amanda. Il n'en vit aucun. Sugarman s'épancha sur les dossiers de ses patients, à grand renfort de jargon médical comme si Amanda n'était pas là. Il s'était assis dans une causeuse pour laisser le canapé à ses invités. Autour d'un cognac, ils se décidèrent pour un repas indien et Sugarman passa commande. Lorsqu'il eut raccroché, il s'écria :

– J'allais oublier... je voulais te raconter la fin de cette histoire de chien écrasé.

Balint ouvrit grand les oreilles.

– Il semblerait que ce soit un gamin d'Hager Park, un jeune un peu paumé. Ils l'ont surpris en train de poignarder le berger allemand d'une femme, la semaine dernière – et il a déjà confessé au moins deux autres meurtres d'animaux. Il nie pour le chien du voisin mais ce serait incroyable qu'il ait tué tous les autres sauf celui-là. C'est étrange comme des criminels peuvent confesser une ribambelle de crimes et crier leur innocence pour une ou deux victimes.

– Ils disent peut-être la vérité.

– C'est possible. Mais je crois plutôt qu'ils aiment se faire plaindre, se poser en victimes eux aussi. Même un tueur en série peut prendre du plaisir à s'indigner. S'il peut dire « J'ai commis *presque* tous les meurtres dont vous m'accusez – mais pas celui-ci », ça lui permet de se focaliser sur l'injustice dont il est victime plutôt que de réfléchir au mal qu'il a fait aux autres. Un mécanisme de survie.

Balint savourait sa chance. Même la piste du teckel ne remonterait pas jusqu'à lui.

– Théorie intéressante, Warren. Tu ne voudrais pas te reconvertir dans la psychiatrie ?

– Seulement comme patient. Et heureusement, c'est pas pour tout de suite. Sans rire, les psy, c'est pas pour moi. Tu veux que je te dise où est le problème ?

Balint attendit que son rival réponde lui-même à sa question.

– Le problème, quand on est psy, c'est qu'on peut pas coucher avec ses patientes. Ou alors, à ses risques et périls !

Sugarman riait de son propre humour. Il se servit un second cognac et remplit le verre de Balint.

– C'est une blague, au fait… des fois que tu veuilles me dénoncer au conseil d'administration. Et toi, Amanda, qu'est-ce que tu deviens ?

– Rien d'extraordinaire. Covoiturage pour emmener les enfants à droite et à gauche, cours de violon, danse, ballet… J'adore mes filles, vraiment, mais je comprends les parents qui mettent leurs enfants à l'internat.

– Maintenant, Davey reste tout le temps chez Gloria. C'est sans doute mieux comme ça. On n'a jamais été forts pour se partager les responsabilités. Vous deux, par contre, je vous admire. Vous vous entendez tellement bien.

Il but une gorgée de cognac et approuva d'un mouvement de la tête. Balint n'aurait su dire s'il s'adressait au cognac ou bien aux compétences d'éducateur de ses invités.

– Tu sais, Jeremy, je pourrais être en colère contre toi. Gloria te citait toujours en exemple pour me faire honte. À chaque fois que tu emmenais tes enfants à un anniversaire ou à un cours de musique, j'avais droit à un laïus. Tu as de la chance que je n'aie rien dit contre toi à mon divorce.

– Je suis l'homme le plus chanceux de la terre, tu as raison.

Balint s'imaginait en train d'étouffer son hôte.

– Ah, il faut que je vous dise aussi… j'ai été désigné comme expert pour les Assises.

– Impressionnant, dit Amanda.

– Il s'agit d'un cas d'homicide involontaire. Vous avez dû en entendre parler. Un interne en chirurgie, dans le comté de Somerset, qui a fait une erreur de prescription il y a quelques années. Au lieu de donner de la métoclopramide[1] en intraveineuse pour la nausée, il a prescrit de la mépéridine. Du Demerol[2] ! Le patient a fait une crise d'hypertension. Ça a failli le tuer.

– C'est pour le moins un beau cas de négligence, dit Balint.

– Mais ce n'est que la partie visible de l'iceberg. Ce jeune, qui avait quand même deux ans d'internat, certifie qu'il avait prescrit la métoclopramide. Que l'infirmier a dû se tromper. À l'époque, ils écrivaient les ordonnances à la main, donc pas de fichier, et la copie carbone a été arrachée du bloc-notes, comme par hasard.

– Une parole contre une autre.

– Attends, le plus fou, c'est que l'interne, dans sa petite tête de sociopathe, a commencé à se dire qu'ils

1. Neuroleptique utilisé pour lutter contre les nausées et les vomissements.

2. Mérépidine et Demerol appartiennent à la classe de médicaments appelés narcotiques analgésiques.

ne le croiraient pas, qu'il allait se faire virer. Pendant les deux mois qui ont suivi, dès que l'infirmier était de garde, l'interne se rendait discrètement dans la réserve de médicaments et échangeait le contenu des flacons de métoclopramide et de Demerol, pour que le type se fasse pincer. Sans le savoir, l'infirmier a injecté le produit à *quatre* autres patients avant que la direction ne se doute de quelque chose. Deux en sont morts.

– C'est affreux, s'écria Amanda.

– On se demande comment ce sociopathe a pu intégrer médecine. L'infirmier a failli se retrouver accusé de meurtre. Tu sais ce qui l'a sauvé ?

– L'interne a eu mauvaise conscience ? suggéra Balint.

– Pas du tout. L'appendicite. Ce veinard d'infirmier fait une crise d'appendicite et doit abandonner son service à la dernière minute. Du coup, c'est une autre infirmière qui procède à la cinquième injection.

Sugarman se pencha vers eux, le visage rougeaud.

– Le plus drôle, c'est que l'interne a dû opérer le gars de son appendicite. J'aurais bien voulu voir sa tête quand il a réalisé qui était le mec sur la table d'opération. Tu parles d'une ironie !

On sonna à la porte. Sugarman posa son verre sur un carré de liège.

– Quand l'un de mes internes fait une bourde, je remercie Dieu de ne pas être tombé sur ce cinglé, dit-il en allant dans l'entrée.

– Au moins, il était malin, dit Amanda.

– Pas tant que ça. Il s'est fait prendre, dit Sugarman.

En effet, se dit Balint. Moi, cela ne m'arrivera pas. Et il pensa soudain au meurtre qu'il allait commettre.

3

La plupart des patients de Balint étaient des cas désespérés. Ni leur nouveau régime alimentaire, ni l'utilisation de digoxine ou d'anti-aldosterone[1] n'avaient permis d'améliorer leur état. Ils avaient fait appel aux meilleurs cardiologues de la côte Est, déboursé des fortunes pour obtenir un troisième ou quatrième avis médical, mais ce dont ils avaient vraiment besoin, c'était d'un nouveau cœur, un organe en bonne santé pour remplacer le leur. Et ça ne courait pas les rues. Alors ils s'armaient de patience et souffraient. Passaient des nuits entières à dormir le buste surélevé par des montagnes de coussins afin de pouvoir continuer à respirer. Les plus chanceux survivaient assez longtemps pour que Warren Sugarman ou Chester Pastarnack leur découpe le thorax et remplace le muscle sclérosé par celui d'une victime d'accident de la route ou d'un individu mort par balles. Finalement, un cœur n'est qu'une pompe. Plusieurs fois par mois, Balint devait téléphoner aux familles pour leur annoncer que la pompe de leur parent bien-aimé s'était arrêtée

1. Médicaments utilisés en cas d'insuffisance cardiaque.

de fonctionner – c'était l'un des désagréments de sa fonction.

Norman Navare était un cas désespéré. L'hôpital d'Elizabeth Lakes l'avait adressé à Laurendale dans l'espoir que Balint puisse le glisser sur une liste d'attente. Il suffisait de jeter un œil sur son dossier pour comprendre que ses chances étaient minces. Il avait soixante-quatre ans – à la limite d'être trop vieux. Il était diabétique, autre point négatif. Mais son plus gros défaut était de présenter une fraction d'éjection du ventricule gauche[1] de seulement quatorze pour cent. En dessous de quinze pour cent, c'était catastrophique, et sous la barre des dix, cela devenait mortel. Même s'il avait pu prétendre à un cœur, ses chances de survie jusqu'à l'opération étaient faibles. Balint avait néanmoins accepté de le rencontrer – un bon chef de service se devait de conserver de bonnes relations avec les hôpitaux du réseau. Le premier rendez-vous avait été fixé fin septembre. L'homme arriva en compagnie de sa fille. Navare, en dépit de sa maladie, avait de la prestance – il avait dû être un homme très élégant. Il portait une chemise en toile blanche et un Panama qui lui donnaient un air de play-boy de La Havane avant la révolution. Mais Balint n'eut pas le loisir de s'attarder sur les traits rugueux de l'homme, tant la brunette aux yeux noirs qui l'accompagnait attirait son regard. La fille de Navare était la plus belle femme qu'il ait jamais vue.

1. Le pourcentage d'éjection du sang contenu dans une cavité cardiaque lors d'un battement est le reflet de la bonne fonction contractile du ventricule gauche, partie du cœur la plus importante pour son rôle de pompe.

– Nous sommes très heureux de vous rencontrer, dit-elle.

Elle devait avoir vingt-cinq ans.

– À Cornell, il y avait six semaines d'attente et à l'hôpital Brigham de Boston, ils ne voulaient pas nous recevoir.

Balint remarqua que la jeune femme ne portait pas d'alliance. Il espérait qu'elle n'avait pas remarqué la sienne. Le père s'assit dans le fauteuil et Balint retira discrètement son anneau, les mains cachées sous le bureau. Étant donné la situation, Amanda ne pouvait plus rien exiger de lui. Elle passait ses samedis sur le canapé de Sugarman, lui pouvait bien s'autoriser à flirter avec qui bon lui semblait.

– C'est leur choix, dit Balint. Ces hôpitaux sont un peu légers et ne prennent que les dossiers faciles. Ils préfèrent avoir de bonnes statistiques plutôt que de sauver des vies. C'est triste à dire. Je vous promets de faire tout mon possible pour votre père.

– Vous pouvez lui trouver un cœur ?

En règle générale, c'était le moment où Balint prévenait les patients et leur famille qu'il ne pouvait rien promettre.

– Je vais faire tout mon possible. Comme s'il s'agissait de mon propre père.

– Tu as entendu, Papa, dit la jeune femme, les yeux pétillants. On n'entend pas ça tous les jours.

– On verra, ma chérie.

Navare était essoufflé. Balint l'ausculta, en prenant soin de rentrer le ventre et de se tenir droit, les épaules en arrière, pour se montrer sous son jour le plus fringant – ou *a minima*, le plus professionnel.

– Je m'appelle Dalila. Comme la femme dans la Bible qui a fait cette sale coupe de cheveux à Samson. Mais moi, je suis infirmière, pas coiffeuse. Étudiante, plus précisément, pour neuf mois encore.

Elle avait une voix extrêmement féminine, à l'opposé de celle d'Amanda, d'un sérieux étouffant.

– Pardonnez-moi, Dr Balint, je dois vous avouer que nous avons vu je ne sais combien de cardiologues ces dernières années et vous êtes le premier qui ne traite pas Papa comme un numéro. La plupart d'entre eux l'enterrent vivant en voyant son dossier.

– Vous avez bien fait de demander plusieurs avis. Mais, je vous en prie, appelez-moi Jeremy.

Il prit le risque et poursuivit.

– En hébreu, c'est Jeremiah, celui qui se plaint tout le temps.

À sa grande surprise, Dalila Navare éclata de rire. Un rire aigu, presque musical, qui fit sourire son père.

– Je veux vous revoir toutes les trois semaines, monsieur Navare.

C'était deux fois plus souvent que ses autres patients.

– Nous allons vous faire repasser des examens et vous mettre sur autant de listes d'attente que possible. Et nous vous maintiendrons en vie d'ici là. Nous n'avons pas le choix. Qu'en dites-vous ?

– Ça me semble raisonnable. Et si on y arrive, ça me semblera encore meilleur.

– Tant mieux.

Balint appréciait les manières de cet homme, sa retenue, comme si les déceptions qui avaient ponctué sa vie l'avaient rendu plus sage.

– Je vais donner mon numéro de téléphone à votre fille. Si vous avez une question, *n'importe laquelle*, vous m'appelez. Nuit et jour. Vraiment. Si je me rends compte que vous avez eu une alerte et que vous n'avez *pas* appelé, je serai furieux...

Il nota son numéro personnel sur l'envers de sa carte de visite.

– Je vous donne aussi mon biper. Il est toujours allumé.

Balint tendit la carte à Dalila, qui le remercia. Il prit la liberté d'escorter le patient et sa fille jusqu'aux ascenseurs. Cette femme était-elle vraiment la plus charmante qu'il ait jamais vue ou bien n'avait-il tout simplement pas remarqué les autres, aveuglé par sa dévotion à Amanda ? Il n'aurait su dire. Mais ce qu'il savait, c'était que Dalila Navare était extrêmement belle et attirante – et il avait bien l'intention de la revoir en dehors de l'hôpital.

*

Dalila aiguisait sa curiosité mais elle ne le détournerait pas de sa mission. Une fois tracés les contours de son plan, Balint s'attaqua aux détails. La plupart des meurtriers tuent à la hâte, le désespoir leur faisant oublier le bon sens. Balint se promit de ne pas passer à l'acte prématurément. Qu'il ait besoin de deux années ou de dix pour liquider Sugarman, cela n'avait pas d'importance. Oppenheimer n'avait-il pas mis dix ans pour mettre au point la bombe atomique ? Chaque étape nécessitait les mêmes précautions qu'une greffe du cœur : se procurer les accessoires, sélectionner les victimes – car son plan requérait plusieurs victimes.

Dans sa tête, tout était prêt, mais il attendit un mois avant de commencer les préparatifs. *Si au bout d'un mois je n'ai découvert aucune faille, je passerai à l'acte.*

Début octobre, il jugea son plan suffisamment abouti pour mettre en place le dispositif. Avant même d'acheter le matériel, il devait trouver l'endroit idéal pour l'entreposer. Il n'osait pas le cacher à son propre domicile, au cas où ses filles tomberaient dessus en fouillant dans un tiroir. Il envisagea de les garder dans son bureau – pourquoi pas dans la réserve de tranquillisants et analgésiques dont la porte fermait à clef –, mais il savait qu'il n'arriverait pas à dormir en sachant que les agents de service y avaient accès toute la nuit. Il était le seul à en posséder une clef, il aurait même pu se munir d'une boîte cadenassée pour plus de sécurité. Mais il ne pouvait prendre le risque qu'un employé tente de briser les cadenas à la recherche de médicaments ou d'argent. Finalement, se dit-il, l'endroit le plus sûr était la cabane de pêcheur de son beau-père au bord du lac Shearwater, à une heure de route à l'ouest de Laurendale, dans les collines d'Onaswego.

Le cabanon en cèdre de deux pièces était dans la famille d'Henry Serspinsky depuis plusieurs générations. Peu après son mariage avec la mère de Balint – le second pour elle, le troisième pour lui –, il avait invité Jeremy en week-end pour taquiner la truite. À cette époque, Balint était étudiant. Pendant les huit années qui avaient suivi, les deux hommes avaient effectué ce pèlerinage jusqu'à ce que Balint ait des enfants et que le vétérinaire retraité s'estime « trop vieux » pour survivre sans un minimum de confort. Lors des dernières excursions, il avait dû retourner au rivage plusieurs fois pendant la partie de pêche afin de se soulager la vessie à l'aide d'une sonde. Chaque année, Balint se promettait d'y retourner – ou au moins d'aider Serspinsky à louer le cabanon –, mais il ne restait jamais plus de quelques heures, juste le temps de vérifier l'état de la petite maison et de s'assurer que des squatteurs n'y avaient pas mis le feu. Elle se trouvait tout au bout d'un chemin, dans un endroit reculé, et depuis que le Bureau de la Chasse et de la Pêche avait arrêté d'entretenir le plan d'eau et d'y introduire des truites quelques années auparavant, même les maisonnettes voisines étaient quasi-abandonnées. En bref, Balint avait déniché l'endroit idéal pour remiser ses accessoires.

Il s'y rendit un soir après le travail. Il n'y avait rien d'étrange à cela, c'était généralement au début de l'automne qu'il inspectait les lieux. Pourtant, lorsqu'il s'engagea sur la petite route de montagne, une décharge d'adrénaline le parcourut : après des semaines de préparation, il passait enfin à l'action.

Depuis l'an passé, rien n'avait bougé : les marches grinçaient, l'ampoule de la chambre ne s'allumait plus, une odeur de bois flottait dans l'air. Une couche de poussière recouvrait les étagères où étaient exposées les inventions de Serspinsky. Une vitre était brisée, mais le verrou intact. Balint enfila une paire de gants. Inutile de laisser des empreintes dans le coin qu'il s'était choisi comme cachette – même si les autorités ne risquaient pas de remonter jusqu'ici.

Où dissimuler ses accessoires ? Il envisagea le sommier, mais un squatteur pourrait vouloir déplacer le matelas. Dans le réduit, Balint repéra une vieille malle qui contenait des nappes, des draps et quelques dessous à la mode dans les années cinquante. Quatre mètres de ruban et une paire de ciseaux passeraient inaperçus au milieu des tissus.

En sortant, Balint balaya la poussière et fractura une seconde fenêtre afin de donner l'illusion qu'un individu s'était introduit par effraction. Même si la police trouvait ses petites affaires, il pourrait toujours prétendre qu'il n'était pas au courant.

Il devait maintenant se procurer ce ruban. Une longueur suffisante pour assurer l'ensemble de son œuvre, mais pas de quoi attirer l'attention. Surtout ne pas avoir à en racheter après le premier meurtre. Il se félicita de cette première décision pleine de sagesse. Il devait assister à une conférence sur l'hypertension le deuxième week-end du mois, à Las Vegas, où il pourrait facilement faire ses achats – loin du New Jersey au cas où un enquêteur tenterait de remonter la piste du magasin ; mais il réalisa que porter des gants en octobre dans le désert du Nevada attirerait immanquablement l'attention. En revanche, ne pas en porter risquait de laisser des empreintes sur le ruban. Il fallait attendre. Deux semaines plus tard, à Minneapolis, se tenait la réunion de l'Association américaine de cardiologie. Il se rendit dans un centre commercial de banlieue, évitant la grande ville car certains centres urbains s'étaient équipés de caméras à chaque bloc d'immeubles. Il n'en avait aperçu aucune à Minneapolis mais pourquoi prendre un risque inutile ? Cet après-midi-là, le vent était frais, et les gants de Balint, même s'ils n'étaient pas indispensables, passèrent inaperçus.

Balint choisit le vert. Il tenait son inspiration de l'Étrangleur au Ruban rouge, qui avait terrorisé la population de Crève-Cœur, à Rhode Island, dans les années soixante ; mais il avait craint – une peur irrationnelle – que l'on puisse associer le rouge au sang et faire le lien avec la cardiologie. Il avait envisagé d'utiliser un ruban jaune mais les familles s'en servaient pour les hommages militaires et il ne voulait pas que la police s'imagine que c'était un détail sans importance, que le meurtrier avait simplement trouvé le ruban sur les lieux du crime. Il voulait que les enquêteurs comprennent que tout avait été soigneusement réfléchi. Le noir présentait le même type d'inconvénients. Tout le monde utilisait des rubans noirs en signe de deuil. D'où le vert. Il acheta vingt mètres de ruban vert, de quoi obtenir trente-deux morceaux identiques de soixante centimètres, bien plus que nécessaire. Il prit également trois rouleaux de papier cadeau, des jouets, le jeu de la queue de l'âne[1] et suffisamment de petits cadeaux pour faire plaisir à tous les enfants de six ans du Minnesota.

– Quel âge a votre gamin ? demanda la vendeuse.

– C'est pour ma nièce, six ans déjà, ça passe tellement vite.

Balint se surprit à jeter un coup d'œil au décolleté de la jeune femme, il n'aurait jamais osé faire ça dans sa vie antérieure. Elle était mignonne. Pas aussi magnifique que Dalila, mais plutôt jolie. En d'autres circonstances, s'il n'avait pas été occupé à faire ses emplettes de meurtrier, il l'aurait volontiers invitée à boire un café, histoire de flirter. Il la remercia poliment et lui demanda un deuxième sac pour doubler le premier. Il traversa la ville jusqu'à un autre centre

1. Jeu d'anniversaire : les jeunes enfants ont les yeux bandés et doivent accrocher la queue au bon endroit sur l'âne.

commercial et se délesta de toute la marchandise dans un conteneur de l'Armée du Salut – excepté le ruban et les ciseaux. Le mardi suivant, il fit un détour par le lac et déposa son équipement dans la malle avant de rentrer chez lui.

*

Tandis que Balint orchestrait sa seconde vie, réunissant l'arsenal de sa vengeance, la première continuait dans son chaos habituel. Il assista au mariage d'Allison Sucram avec une rousse en fauteuil roulant, et passa la soirée à débattre avec un avocat fiscaliste assis à sa droite : devait-on dire les jeunes mariées ou les épouses ? Il se rappela également qu'une tante de l'épouse – celle dont les parents jouaient au bridge avec Amanda – l'avait interpellé aux toilettes de l'hôtel Waldorf Astoria, où se déroulait la réception, pour savoir si la défaillance de son système rénal pouvait expliquer ses rougeurs. À l'heure de partir, il se demandait encore s'il avait déjà croisé les Sucram avant ce jour.

Un peu plus tard dans le mois, il dut assister à la bar-mitzvah du fils de l'ancienne professeur de piano d'Amanda à Philadelphie, ainsi qu'aux funérailles du père d'une femme avec laquelle Amanda avait suivi ses cours d'accouchement. Il se montra très attentif envers sa femme et évita toute dispute. Il temporisa sur les sujets qui d'ordinaire les fâchaient – Jessie était-elle trop jeune pour participer à la soirée d'Halloween sans chaperon ? De l'extérieur, ils formaient le couple parfait. Aux yeux de Balint, ils parlaient encore moins qu'avant – du moins pas de façon aussi intime – sans qu'il puisse donner d'exemples en particulier sur cet *avant*. Peut-être n'avaient-ils jamais vraiment parlé tous les deux.

À la mi-octobre, la mère de Balint trébucha dans l'allée fruits et légumes du supermarché et se fractura le col du fémur. Elle resta hospitalisée deux jours, puis enchaîna six semaines d'immobilisation et trois mois de rééducation. Elle avait besoin d'une assistance constante, rôle que son mari n'était plus en mesure d'assumer. Les premiers temps, Balint passait presque toutes les nuits à Hager Heights. Même Amanda n'avait plus d'excuses. Il prit un malin plaisir à insister pour qu'elle et les filles viennent déjeuner en famille le samedi suivant, prétextant qu'il ne pourrait s'occuper de tout le monde à la fois, sa mère et des enfants, sachant pertinemment qu'il empêcherait ainsi les amants de se retrouver. Mais pour une femme adultère, elle avait une façon frustrante de donner priorité à sa vie familiale, ce qui rendait difficile de rester en colère contre elle.

Quand il ne veillait pas sur sa mère, son travail remplissait ses journées. Chester Pastarnack, le chirurgien cardiaque le plus âgé de l'hôpital méthodiste de Laurendale, annonça son départ à la retraite pour le 1er novembre. Peu après, Warren Sugarman, trente-cinq ans seulement, fut nommé chef du service de chirurgie thoracique. En conséquence, il fut intégré aux comités de direction du mercredi matin, tout comme Balint, contraint de supporter les plaisanteries de son rival autour de quelques croissants et d'une tasse de café. S'il tuait Sugarman avant que l'hôpital n'ait pu recruter un second chirurgien cardiaque, son crime obligerait le programme de greffes de l'hôpital à fermer. Sauf si Pastarnack acceptait de revenir travailler momentanément. Balint croisa le chemin de Sugarman le second jour de Rosh Hashanah et le félicita pour sa promotion.

– C'est presque une punition, avoua ce dernier. Je dois travailler plus dur… et Gloria perçoit une plus grosse pension.

Mais Balint sentit que ce salaud était fier comme un paon.

Il remarqua à quel point la préparation d'un meurtre le mettait dans un état étrange – abordant cette atroce mission de la manière la plus détachée possible, comme s'il s'organisait un congrès médical – mais il refusait de se laisser déstabiliser par ses sentiments. Il lui arrivait même de trouver le côté terre à terre de ces préparatifs plutôt drôle. Un jour, par exemple, Jessie répétait une phrase de John Lennon qu'elle avait entendue à l'école : « La vie, c'est ce qui t'arrive quand t'es occupé à faire d'autres projets. » Comme c'était vrai, se dit-il, amusé. Pourtant, il doutait que le chanteur et lui aient eu en tête les mêmes projets.

*

Dalila Navare téléphona un dimanche soir après 21 heures. Balint venait de lire *La Remarquable Histoire du petit poussin* aux filles et s'était installé dans son bureau afin de réviser un article qu'il avait écrit sur les pathologies des valves cardiaques. Amanda regardait un documentaire sur les femmes pilotes dans son lit, là-haut. Elle était peut-être même déjà assoupie. Il décrocha le combiné, agacé d'être dérangé à une telle heure, persuadé que l'opérateur de l'hôpital avait mal redirigé l'appel.

– Dr Balint ? demanda une voix délicate. Pardonnez-moi de vous appeler si tard. J'espère ne pas vous avoir réveillé.

Il la reconnut sur-le-champ.

– Dalila ?

– Vous m'aviez dit que je pouvais vous appeler à tout moment, sinon je n'aurais pas osé interrompre votre week-end. Je vous dérange ?

– Pas du tout. Que se passe-t-il ?

– Papa ne va pas bien, j'ai très peur.

Elle était aux urgences de Laurendale. Balint raccrocha et contacta l'hôpital, on venait d'admettre Norman Navare pour traiter un œdème pulmonaire dû à son insuffisance cardiaque. Trente-cinq minutes plus tard, après avoir embrassé ses filles et conseillé à Amanda de ne pas l'attendre pour dormir, Balint traversait le hall d'accueil dans sa blouse blanche.

– Dr Balint, chef du service cardiologie, annonça-t-il à l'interne de garde. Vous pouvez enregistrer monsieur Navare sous mon nom. VIP. Je compte sur vous pour faire libérer une chambre seule.

– Bien sûr, dit le jeune médecin. Je ne savais pas...

– Si Jésus-Christ arrivait dans cet établissement, vous le traiteriez comme un clochard en pagne et le feriez attendre des heures. Maintenant s'il vous plaît, faites de votre mieux pour être agréable à monsieur Navare.

Il dut passer la tête derrière plusieurs rideaux avant de trouver l'alcôve où l'on avait relégué le père de Dalila. Il était allongé sur le côté, une canule à oxygène dans les narines, mais semblait avoir encore des difficultés à respirer. L'imbécile qui avait retiré les électrodes de l'électrocardiogramme avait laissé la moitié des adhésifs collés sur la poitrine du pauvre homme. Sa fille était assise sous le moniteur cardiaque et lui tamponnait le front avec un gant humide.

– Dr Balint, s'écria-t-elle surprise. Je ne vous attendais pas avant demain matin.

– Jeremy, corrigea-t-il. S'il vous plaît.

Le ton de sa voix dévoilait ses intentions. Il revenait à Dalila, si elle le désirait, de lui rappeler qu'il n'était pas son ami, mais le cardiologue de son père. Un instant, Balint se sentit aussi nerveux qu'un adolescent – comme le jour où il avait invité Molly je-ne-sais-quoi au bal de la promo seize ans plus tôt. Certainement bien plus tendu encore qu'en achetant les accessoires pour ses meurtres. À son grand soulagement, Dalila sourit et répéta « Jeremy ». Son prénom et rien d'autre. Ces trois syllabes suffirent pour faire comprendre à Balint tout ce qu'il avait besoin de savoir.

L'infirmière générale fut surprise d'apprendre que Norman Navare, peintre en bâtiment infirme, originaire du Venezuela, était un patient VIP et que le chef du service de cardiologie s'était déplacé un dimanche soir pour s'occuper de lui en personne. Il lui fallut moins d'une heure pour trouver une chambre seule. L'état de Navare s'améliora plus vite que prévu. Son taux d'oxygène remonta. Avec le bon traitement et une régulation de l'œdème, il s'en sortirait, au moins pour quelque temps. Sur le long terme en revanche, il repasserait tôt ou tard par la case des urgences.

– Il semble que nous ayons repris le contrôle de la situation, leur assura Balint une fois que père et fille furent confortablement installés à l'étage le plus luxueux de l'hôpital. Par les fenêtres, on voyait les lumières des demeures de Laurendale Beach scintiller le long de la côte.

– Vous serez sur pied dans quelques jours.

– Que Dieu vous entende, dit Navare.

– Je suis désolée de vous avoir tiré du lit, dit Dalila, d'un ton plus affectueux que contrit. Je n'avais personne d'autre vers qui me tourner. Depuis la mort de ma mère, nous sommes tous les deux…

– Vous avez bien fait. Je repasserai demain matin mais je garde le téléphone à proximité cette nuit.

Dalila lui prit la main et la serra.

– Merci, Jeremy. J'ai confiance en vous.

*

Les paroles de Dalila rappelèrent à Balint l'avantage qu'il avait sur les autres meurtriers qui avaient jalonné l'Histoire. Les gens font confiance aux médecins, et nourrissent aussi beaucoup de préjugés sur les tueurs en série. Les hommes qui tirent sur la foule ou posent des bombes sont supposés être des délinquants, des ennemis de la civilisation, des solitaires. De pauvres bâtards déjantés, qui réfléchissent trop. Theodore Kacsynski[1]. Pas des chirurgiens de premier plan, encore moins les maris de bibliothécaires qui jouent au tennis, *a fortiori* pères de deux adorables princesses. Certainement pas un diplômé de l'école de

1. Theodore Kaczynski, surnommé « Unabomber », est un terroriste américain spécialiste en colis piégés, mathématicien de formation, militant écologiste et opposant aux progrès technologiques.

médecine distingué par l'honneur des Alpha Omega Alpha[1], chargé de cours à l'Académie de médecine, membre fondateur de l'Association de Racquetball[2] d'Hager Park. En somme, au-delà de toutes les précautions qu'il prenait, il bénéficiait de sa condition sociale, qui l'éloignait du portrait type qu'on se fait du sociopathe. En était-il un ? Balint décida que la question ne valait pas la peine qu'il y réfléchisse. Tout ce dont il était sûr, c'est qu'on lui avait distribué un mauvais jeu mais que cela ne l'empêcherait pas de gagner la partie.

Aurait-il nourri quelques doutes quant au bien-fondé de son projet – ce qui n'était absolument pas le cas –, sa confrontation avec Sugarman le lendemain matin les aurait aussitôt balayés. La discorde surgit au cours de la réunion mensuelle sur les transplantations, une session programmée à 7 heures, à laquelle se joignaient l'ensemble des spécialistes de l'hôpital qui passaient en revue la liste des patients éligibles au don d'organe. À son arrivée, alors qu'il n'avait dormi que quelques heures, Balint trouva son collègue déjà en place. Ce dernier leva son gobelet de café en guise de salut.

– Comment ça va, Balint ?

– Presque réveillé.

Il prit au passage un exemplaire de l'ordre du jour. Les représentants des différents départements arrivaient par deux ou trois à la fois : anesthésistes, infirmières, psychiatres. Balint s'attendait à voir arriver

1. Organisation qui récompense les médecins respectueux des idéaux de la médecine.

2. Sport de raquette dérivé du squash.

Chester Pastarnack quand Sugarman déclara la session ouverte. Le relais avait déjà changé de main. Ce n'était plus Pastarnack, sa calvitie et ses gros sourcils, qui détenait le droit de vie ou de mort sur les patients. On entrait dans l'ère Sugarman. L'ennemi juré de Balint avait décidé de se prendre pour Dieu, au moins pour le court laps de temps qu'il lui restait à vivre sur terre.

– J'ai vu Navare, ton patient, ce matin. Tu n'envisages pas sérieusement de le mettre sur la liste ?

– Mais si, pourquoi pas ? Il n'a pas soixante-cinq ans et sa famille est très présente, rétorqua Balint.

– Excuse-moi mais c'est un putain de cauchemar, ce type. Il ne surveille pas son diabète et ses reins sont à deux doigts d'exploser. Même s'il était Dick Cheney, je ne prendrais pas la peine de lui ouvrir la poitrine.

Un silence lourd s'installa dans la salle de conférences. D'ordinaire, ces réunions mensuelles se déroulaient dans la bonne humeur et la collaboration. Chester Pastarnack laissait parler tout le monde avant de donner son avis – il n'avait jamais prononcé la moindre grossièreté. Il lui était même arrivé de solliciter l'avis d'un étudiant ou d'une infirmière stagiaire qui observaient le déroulement de la réunion depuis les chaises pliantes alignées contre le mur du fond.

– C'est moi qui deviens fou, les gars ? demanda Sugarman. J'ai raté quelque chose ?

Balint regarda les autres médecins autour de la table. Il aurait pu embrasser la psychiatre référente – une Allemande austère qui avait l'âge d'être sa grand-mère – lorsqu'elle lui apporta son soutien.

– Cet homme a très envie de vivre. J'ai parlé deux heures avec lui la semaine dernière. Sur le plan psychologique, c'est un excellent candidat.

– Quelqu'un d'autre ? fit Sugarman.

– Sa fille est infirmière stagiaire, observa une infirmière en chef. Ça peut aider.

Sugarman fronça les sourcils.

– Bien, elle est infirmière, tant mieux pour elle. Et alors ?

– Elle pourra s'occuper de lui, hasarda la psychiatre.

– Bon, si c'est moi qui dois jouer les méchants, allons-y. Admettons qu'on donne un cœur à ton ami, Balint, il a une chance sur trois de mourir sur la table d'op. Avec un peu plus de chance, il meurt un mois plus tard. Et vous voudriez que j'annonce aux parents d'un sportif de vingt ans qui présente une cardiomyopathie qu'on lui donnera pas ce cœur, que c'est nous qui allons tuer leur fils – ce qui n'est pas loin d'être la vérité – parce que le chef du service de cardiologie veut sauver un vieillard de la mort ?

Le verdict était tombé. On ferma le dossier du père de Dalila pour passer au candidat suivant. Balint, incapable d'écouter le reste de la réunion, remarqua à peine que tout le monde s'était levé. Sugarman s'approcha de lui et mit une main sur son épaule.

– Ce n'est pas contre toi, Jeremy. Ton patient n'en vaut pas la chandelle. Si nous avions plus d'organes, la question serait différente. Tu sais très bien comment ça se passe…

– Bien sûr que si c'est personnel, rétorqua sèchement Balint. Peut-être pas pour toi. Mais pour Navare et sa fille, je peux t'assurer que ça l'est. Qu'est-ce qui te prend de jouer avec la vie des gens, Sugarman ? Je parie que tu n'es même pas donneur.

– Oh ! Du calme, cow-boy !

Balint réalisa qu'il était sur le point de ruiner ses projets. Si on venait à savoir que les deux hommes s'étaient disputés avant la mort de Sugarman, la police aurait vite fait de découvrir la liaison d'Amanda, et tout serait fichu. Il n'avait pas le choix, il allait devoir ravaler sa fierté et s'excuser.

– Excuse-moi, Warren. Je n'aurais jamais dû dire ça. J'ai dépassé les bornes, je suis désolé.

– Ne t'inquiète pas. On connaît tous des hauts et des bas. Ne te fais pas de bile.

– Navare est un ami de la famille...

– Je ne savais pas. Je suis navré, dit Sugarman.

Balint se mit à éprouver une haine encore plus intense pour son ennemi ; ses marques de sympathie l'écœuraient.

– Si je pensais qu'il y avait ne serait-ce qu'une petite chance, je reviendrais sur ma décision.

Balint se leva et Sugarman lui fit une accolade, le genre de geste que font les prêtres ou les truands entre eux. Parfait. Une bonne douzaine de collègues les avait vus se réconcilier. Pour Balint, c'était plus que de l'hypocrisie. Les bras qui l'avaient enserré présentaient déjà la raideur glacée d'un cadavre.

4

Il avait décidé *comment*. Restait à déterminer *où*.

Balint investit dans un atlas routier qu'il dénicha dans une station-service. Il aurait pu chercher sur Internet mais il ne voulait pas laisser de traces. Les preuves indirectes avaient envoyé autant d'hommes en prison que les témoins oculaires. Il décida de graviter autour de New York, avec Manhattan pour centre, les villes de banlieue comme rayons. Les distances étaient plus grandes qu'il ne l'aurait souhaité – deux heures et demie de Laurendale, presque trois en allant jusqu'au comté de Fairfield –, mais ça restait acceptable. Il avait hésité avec la banlieue de Philadelphie mais il avait grandi près du comté de Bucks et il fallait absolument éviter le moindre lien avec les scènes de crime. Choisir entre la banlieue de New York ou celle de Philadelphie le plaçait largement au-dessus de l'assassin ordinaire, qui n'aurait pas cherché à sortir de Laurendale et ses environs. Il se serait contenté d'un meurtre au nord du New Jersey, un à Trenton, puis un à Atlantic City, et la police n'aurait eu qu'à sortir un rapporteur et une ficelle pour cibler le suspect. Les recherches de Balint avaient confirmé ses soupçons : la majorité des criminels n'étaient pas de grands esprits. En reportant le lieu des crimes sur une carte, neuf fois sur dix on pouvait deviner l'adresse du meurtrier dans un rayon de moins d'un kilomètre.

La première règle que s'imposa Balint concernant le choix des victimes, fut de ne pas se laisser dominer par ses émotions. Il ne devait pas renoncer à en tuer certaines parce qu'elles s'occupaient d'enfants ou de personnes âgées. S'il voulait vraiment réussir, il devait accepter de s'en prendre à des nonnes, des maîtresses de maternelle, des pompiers, des vétérans infirmes, des veuves, et même des femmes enceintes ou des adolescents, tous avec la même voracité. Il éviterait cependant les jeunes enfants pour une raison très pratique : il redoutait que le meurtre d'écoliers puisse avoir une incidence sur le profil psychologique que dresserait inévitablement la police. Il souhaitait que les autorités se mettent en quête d'un marginal désabusé ou d'un clochard – c'est souvent là qu'on trouve les tueurs en série. Les tueurs d'enfants, eux, rôdent dans toutes les strates de la société. La priorité de Balint consistait à tuer Sugarman sans se faire prendre. Pour cela, il était obligé de sélectionner d'autres cibles au préalable. Vulnérables. Cela impliquait de plus grands risques mais il refusait de jouer à la roulette russe avec l'avenir de ses filles.

Après plusieurs jours de réflexion, il en vint à la conclusion que le comté de Westchester serait idéal pour commencer. Mais où dans Westchester ? Il procéda par élimination : éviter les grandes villes qui pouvaient avoir des caméras de vidéosurveillance comme Yonkers ; où un crime violent passerait presque inaperçu, comme Mount Vernon. À l'opposé du spectre, les maisons de certaines petites communes riches, comme Scarsdale et Chappaqua, disposaient elles aussi de systèmes d'alarmes sophistiqués. Il élimina également toutes celles qui pouvaient présenter le moindre lien avec lui, Ardsley – il y avait un cousin – et Mamaroneck – une ex-petite amie y avait habité. Il jeta son dévolu sur Cobb's Crossing : avec son université et sa résidence pour personnes âgées, cette ville offrait des cibles privilégiées. Elle était située à l'intersection de quatre grandes autoroutes permettant une fuite facile.

Balint entoura la zone sur la carte. Puis déchira la page de son atlas et y mit le feu. Mieux valait ne laisser aucun indice. Alors qu'il observait la flamme monter vers ses doigts, un sentiment de puissance le submergea ; comme le phœnix renaissant de ses cendres.

*

Norman Navare rentra chez lui trois jours plus tard, comme Balint l'avait prévu, et ils fixèrent le prochain rendez-vous au début de la semaine suivante. Il réserva une heure entière de son planning pour lui. Pendant le week-end, il attendit ce moment avec impatience mais quand l'heure arriva, il fut saisi d'angoisse. Pour ne rien arranger, Navare était en retard – Dalila avait refermé la voiture avec ses clefs à l'intérieur. Balint était sur le point de perdre tout espoir lorsque le vieil homme et sa fille se présentèrent au secrétariat. Le teint de Navare avait tourné au gris-bleu.

– Nous sommes désolés, dit Dalila. Nous vous apportons un cadeau.

Elle tendit à Balint un sac en papier coloré.

– C'est un petit quelque chose, pour vous remercier…

C'était plus que cela. Elle avait préparé des cookies, des centaines de cookies en forme de cœur avec des taches rouges et bleues. Ils ne ressemblaient pas à ceux de la Saint-Valentin mais bien à des vrais organes humains. À mieux y regarder, Balint se rendit compte que les marques de couleur indiquaient les veines et les artères.

– Bravo pour les détails anatomiques, je suis impressionné, dit-il.

– Vous êtes si gentil avec nous. Avec moi…

D'ordinaire, Balint aurait répondu qu'il ne faisait que son travail. Cette fois-ci, il dit :

– Mais voyons, c'est le moins que je puisse faire pour mon patient préféré.

En réalité, c'était *elle*, sa patiente préférée, et ils le savaient tous les deux. Le père de Dalila n'était qu'un petit peintre en bâtiment infirme au cœur usé, pas un malade que Balint avait des raisons de traiter mieux qu'un autre.

Il examina Navare et prescrivit divers examens médicaux.

– Votre père doit refaire un échocardiogramme. Pour s'assurer que la fraction d'éjection de son ventricule gauche s'est stabilisée.

– Des nouvelles d'un donneur ? demanda-t-elle.

Il ne lui avait pas encore fait part de la décision de Sugarman.

– J'essaye toujours de mettre votre père sur une liste. Nous avons rencontré un petit obstacle mais rien d'insurmontable…

– Vous en êtes sûr ?

– Je croyais que vous me faisiez confiance. Je trouverai un cœur pour votre père, même si je dois empoisonner tous les autres patients sur la liste.

– Ne vous en faites pas trop pour moi, doc. Vous devriez garder vos cœurs pour ceux qui en ont plus besoin, dit Navare.

Dalila lui tapota le genou.

– Mais toi aussi tu mérites un nouveau cœur, Papa.

– Je suis un vieil homme. Si un plus jeune en a besoin, un père de famille…

– Je comprends votre inquiétude, monsieur Navare, et je vous assure que nous donnons nos cœurs aux personnes qui en ont le plus besoin. Dans votre cas, je pense que nous avons de bonnes raisons d'espérer.

Il finit l'auscultation et demanda à son patient de passer aux toilettes pour un échantillon d'urine. Examen tout à fait inutile mais qui permettait à Balint de passer un moment seul avec Dalila. La jeune infirmière était radieuse, ses cheveux noir ébène coiffés en tresses plaquées contre son crâne, sa poitrine lovée dans un bustier dos nu en coton blanc. Elle s'était faite belle pour le revoir.

– J'espère ne pas vous importuner… Je me demandais – je vous assure que je n'ai jamais rien proposé de tel à une patiente avant aujourd'hui et je pourrais m'attirer des ennuis –, je me demandais si vous accepteriez de dîner avec moi ?

– Vous voulez *sortir* avec moi ?

– Désolé, je n'aurais pas dû…

Dans la pièce à côté, on entendait l'urine de Norman Navare couler dans le flacon en plastique.

– Mais si, Jeremy, je serais ravie de dîner avec vous.

La porte des toilettes s'ouvrit et Navare les rejoignit. Il portait le flacon d'une main et tentait de se rhabiller de l'autre. Il avait la braguette ouverte. Balint lui prit l'échantillon pour l'étiqueter et sa fille l'aida à se boutonner.

– On se revoit dans trois semaines, monsieur Navare. Une fois que nous aurons les résultats de l'écho. Bien entendu, je vous appellerai d'ici là si nous découvrons des éléments inquiétants.

Il leur ouvrit la porte.

D'une voix plus basse, il chuchota :

– Quand pourrai-je vous inviter ?

– Votre jour sera le mien.

– Demain ?

– Avec plaisir. À demain.

– Mon dernier patient arrive à 17 h 30. On se retrouve dans le hall d'entrée à 18 h 15 ?

Elle acquiesça.

Balint observa cette beauté parfaite aider son père à marcher et à traverser la salle d'attente bondée. Il regretta de ne pas l'avoir remerciée une fois de plus pour ses cookies. Il retourna à son bureau, ouvrit le dossier « Navare » et nota qu'il lui avait annoncé qu'il ne pourrait prétendre à une greffe.

*

Le lendemain matin, Balint, pris de vertiges, eut envie d'annuler tous ses rendez-vous. Et il allait le faire, si ce n'est que son alibi pour sortir avec Dalila reposait sur l'hypothèse d'une longue journée de travail. Il avait raconté à Amanda qu'il donnait ensuite une conférence sur les traitements anticholestérol pour un laboratoire pharmaceutique. Une activité intermittente et lucrative qu'on lui proposait de temps à autre. Il était sensé remplacer à la dernière minute un collègue dont l'enfant était tombé gravement malade. Le seul bémol était qu'Amanda gérait leur budget et s'apercevrait qu'il n'avait pas été payé pour cette intervention. Il pourrait toujours raconter que ce laboratoire mettait systématiquement du temps à les payer. En revanche, s'il prenait sa journée, elle risquait vraiment de se poser des questions.

Il aurait pu ne pas aller travailler et quitter la maison, partager son temps entre la salle de gym et la bibliothèque mais ce jour-là, il s'était engagé à rencontrer le rabbin Steinhoff. Amanda avait pris le rendez-vous, s'il annulait, c'était l'esclandre assuré. Elle était membre du comité qui avait engagé le charmant Israélien, vétéran médaillé des forces aériennes de son pays.

Pour la première fois en neuf ans de mariage, il allait tromper sa femme le jour même de sa rencontre avec un homme de foi pour parler charité. Dans un film, Steinhoff gagnerait sa confiance et finirait par lui faire avouer ses projets de meurtres pour soulager sa conscience. Mais on n'était pas au cinéma et il n'avait pas la moindre intention de confesser quoi que ce soit.

Balint croisa Steinhoff dans l'ascenseur bondé, au retour de sa pause déjeuner. Ils échangèrent une poignée de main une fois débarqués dans le couloir puis s'avancèrent en silence jusqu'au bureau de Balint. Le rabbin faisait une tête de plus que lui mais était bien trop mince pour sa carrure. Balint se remémora les lignes du *Jules César* de Shakespeare, quand il se plaint que « le jeune Casius a un air maigre et affamé ». Il avait vu la pièce avec Amanda, au cours d'un été dans les Berkshires, ce passage était resté gravé dans son crâne hermétique à toute forme de poésie. Le rendez-vous n'étant pas d'ordre médical, Balint s'installa dans le fauteuil à côté du rabbin plutôt que derrière son imposant bureau en acajou.

– Merci pour ce temps que vous m'accordez, Dr Balint.

Le rabbin parlait vite, sans la moindre trace d'accent hébreu.

– Je sais que vous êtes très débordé, je le suis moi-même, tout le monde est débordé de nos jours… Ma femme aime dire qu'elle est trop débordée pour être débordée…

Steinhoff trouvait manifestement sa remarque pleine d'esprit, Balint résista donc à l'envie d'insinuer que son épouse était peut-être débordée par trois fois rien.

– Je disais donc : je vous suis très reconnaissant et je vais tâcher d'être bref.

– Prenez votre temps, c'est une après-midi plutôt calme.

Surpris, Steinhoff haussa les sourcils comme si une après-midi calme menait forcément à l'adultère et au meurtre. Balint regrettait feu le rabbin Felder, homme irrévérencieux et à moitié sourd, qui n'avait probablement jamais été débordé.

– J'aimerais vous proposer une collaboration, lança Steinhoff. Connaissez-vous le projet Cain ?

– Amanda m'en a touché quelques mots. Vous essayez d'empêcher les enfants juifs de commettre des crimes.

– Pas seulement les Juifs. Tous les enfants.

Steinhoff se pencha vers lui, et chuchota bien qu'ils fussent seuls.

– Nous opérons sur le quartier de Newark. Dans la communauté noire. À mon avis, aucun enfant n'est juif, là-bas.

– Vous pourriez les convertir.

– Ce n'est pas le but, Dr Balint.

Il expliqua en détail les objectifs de son projet : un groupement de plusieurs synagogues envoie des femmes dans ces quartiers en tant que mères de substitution. Elles s'occupent d'enfants de huit à onze ans. L'affection maternelle plus forte que le crime. Si Ève s'était mieux occupée de Cain, il aurait réfléchi avant de tuer Abel – d'où le nom du projet.

– Plusieurs études ont été réalisées à ce sujet : si les mères ne passent pas des moments privilégiés avec leurs enfants, ils risquent davantage de sombrer dans la délinquance. La solution n'est pas simple. Les mères de ces garçons et de ces filles voudraient bien passer du temps avec eux mais elles sont souvent seules et travaillent énormément pour gagner leur vie à Walmart ou dans une chaîne de fast-food. C'est là qu'interviennent les bénévoles. Les mères biologiques vont travailler, les autres animent des ateliers pour les enfants.

Balint n'imaginait pas l'ancien rabbin inventer une telle ineptie. Il n'avait d'ailleurs certainement jamais mis les pieds à Newark.

– Pourquoi ne pas faire travailler les bénévoles à Walmart ?

– Pardon ?

– Vous pourriez demander à vos bénévoles de bosser au supermarché, ça libérerait les vraies mères et elles pourraient passer du temps à la maison. Les généreux bénévoles feraient don de leurs revenus...

Steinhoff ne comprit pas qu'on se moquait de lui.

– J'imagine que ça pourrait fonctionner, Dr Balint, mais les initiateurs du projet préfèrent la première approche. Ils estiment que les mères de substitution représenteront de bons modèles.

Il se moucha et replaça le carré de tissu dans sa poche.

– C'est un merveilleux projet, croyez-moi. Même s'il est difficile de convaincre les familles de participer.

– Les autres organismes de charité vous font de l'ombre ?

– Nous ne savons pas vraiment ce qui bloque. Nous avons même essayé d'offrir les consultations pédiatriques aux enfants qui participeraient. Ça n'a pas marché. La plupart bénéficient déjà de soins gratuits grâce au Medicaid.

– Vous pourriez leur donner de l'argent, suggéra Balint.

Il prenait plaisir à taquiner le rabbin.

– Donnez-leur cinquante dollars par séance, vous augmenterez rapidement le taux de participation... Mieux encore : calculez le salaire moyen à Walmart et offrez-en un dollar de plus de l'heure. Vous feriez salle comble...

Balint gardait son sérieux, Steinhoff n'en fut que plus décontenancé.

– Nous avons besoin de votre aide, Dr Balint. Nous espérons ouvrir un dispensaire gratuit pour les parents. Histoire de les inciter à nous confier leurs enfants.

– Laissez-moi deviner. Vous voudriez que je pilote le projet ?

– Ce serait une très grande mitzvah[1], Dr Balint.

– Oh… pas seulement une petite mitzvah ?

– Arrêtez de jouer sur les mots, Dr Balint. Vous avez raison, j'aurais dû dire une mitzvah, tout simplement, ni grande, ni petite. On ne peut pas comparer les bonnes actions entre elles… On peut compter sur vous ?

Inutile de dire que la décision avait été prise en amont. Amanda lui avait quasiment ordonné d'offrir ses services à Steinhoff et de recruter quelques collègues pour travailler bénévolement au nouveau dispensaire un après-midi par mois. D'un autre côté, il se délectait de martyriser son visiteur.

– Dites-moi, rabbin, croyez-vous sincèrement qu'un tel programme fera la différence ?

– Je peux vous envoyer les rapports d'études.

– Ne vous donnez pas cette peine. Je suis sûr que les chiffres vont dans votre sens. Mais je m'interroge sur l'aspect psychologique de la chose. Ou philosophique si vous préférez. Ne pensez-vous pas que le ver est dans le fruit dès le départ ?

– C'est-à-dire ?

– Vous avez lu *Une tragédie américaine* de Dreiser[2] ? Ou vu le film ?

– Non.

– Si j'étais vous, j'y jetterais un œil. Je crois que Dreiser tenait quelque chose.

Balint évita de mentionner des livres sur les tueurs en série – il aurait facilement pu citer *L'Étranger à côté de moi*, *L'Étrange cas du Dr Jekyll et de Mr Hyde.*

1. Une bonne action.

2. Roman de 1925, à la frontière du roman policier et du roman social.

– Je me suis toujours intéressé aux cas de troubles de la personnalité antisociale. On les appelle aussi les sociopathes. On dirait qu'ils portent le mal en eux, dès leur plus jeune âge, qu'ils sont pourris jusqu'à la moelle – vous aurez beau organiser de formidables réunions avec de gentilles animatrices, rien n'y fera. Vous parviendrez peut-être à en faire des sociopathes bien élevés, du genre de Madoff ou des patrons d'Enron[1], mais rien ne changera leur nature profonde.

Le rabbin se frotta les yeux.

– Si j'avais la même opinion que vous, Dr Balint, je serai incapable d'enfiler mes tefillin[2] le matin.

Balint se demanda s'il pensait ce qu'il disait sur les sociopathes. Il se savait capable de meurtre – mais pourquoi ? Parce qu'il avait souffert ? Parce que son père était mort ? À cause des difficultés financières qui avaient suivi ? À moins qu'au plus profond de lui, il ne soit différent des autres êtres humains ? Il n'en savait rien. Ce qu'il savait, c'est que si la vie avait été moins dure avec lui, si Amanda l'avait mieux traité, il n'aurait eu aucune raison de tuer. Steinhoff avait peut-être raison : quand la société donne aux gens ce dont ils ont besoin, ils n'ont plus de raison d'enfreindre les règles.

1. Un des plus grands scandales des vingt dernières années : septième entreprise américaine dans le classement « Fortune 500 » en 2000, qui fit faillite un an après en raison de ses placements boursiers.

2. Les tefillin ou phylactères sont des objets de culte propres au judaïsme rabbinique. Constitués de deux boîtiers cubiques comprenant quatre passages bibliques, ils sont attachés au bras et à la tête par des lanières de cuir.

– Pardonnez mon cynisme. Quoi qu'il en soit, ma femme est une fidèle admiratrice de vos projets, et comme je l'adore, je laisse mes inquiétudes et mon pessimisme de côté, rabbin, je serai heureux de vous servir.

– En tant que médecin ?

– Comme il vous plaira. Si ça peut me faire gagner quelques points auprès de saint Pierre.

– Façon de parler.

– Bien sûr. On n'aime pas trop saint Pierre chez nous. Mais, quelle que soit la version juive de saint Pierre, j'espère bien l'impressionner.

Steinhoff s'apprêtait à expliquer à Balint la version de l'accession au paradis selon le Talmud mais il se ravisa et le remercia pour son soutien.

*

La dernière patiente de l'après-midi s'avéra un cas moins facile que prévu. Madame April, une femme âgée et seule, avait réussi à cacher qu'elle perdait la tête. Excellente candidate pour les biscuits déments, aurait dit son rival. Sa sénilité l'avait entraînée à prendre ses médicaments pour le cœur de façon hasardeuse. D'ordinaire, Balint aurait outrepassé ses fonctions et mis en place une assistance à domicile mais cette opération aurait entraîné de multiples coups de fil et des tonnes de paperasse. Il décida de la faire admettre à l'hôpital, laissant à l'assistante sociale le soin de lui trouver une infirmière à domicile. Malheureusement, il fallut une éternité pour la faire transférer dans l'unité de soin appropriée. Il attendit avec la vieille dame perturbée, sentant son propre cœur s'atrophier à mesure que le temps passait. Cinq minutes après l'heure prévue de son rendez-vous galant, les aides-soignants arrivèrent enfin avec un fauteuil roulant pour emmener la patiente.

Balint commençait tout juste à respirer quand il tomba nez à nez avec Sugarman dans l'ascenseur. Chargé d'une douzaine de roses rouges, il sifflotait un air de ragtime. Il s'arrêta net. Les deux hommes se retrouvaient seuls.

– Soirée coquine, Sugarman ?

Les mots étaient déjà sortis quand il réalisa que la soirée coquine se déroulerait sans doute avec sa propre femme. Il était supposé faire une conférence sur le cholestérol, Amanda se consolait avec l'ennemi. Sugarman ne répondit pas tout de suite, confirmant ainsi les doutes de Balint.

– Je revois une ancienne copine. Une fille que je fréquentais bien avant Gloria.

– Elle était en médecine avec nous ?

Sugarman avait manifestement oublié qu'ils avaient arpenté les couloirs de la même école. La main dans la poche, Balint jouait avec son alliance. Il décida d'insister.

– Cette copine a un nom ?

– Ça ne te dirait rien.

Sugarman leva les yeux vers le cadran où s'affichaient les étages.

– Ne dis rien à ta femme, elle serait capable de le répéter à mon ex. Moins elle en sait, mieux je me porte.

– Motus et bouche cousue. Mais, tu sais, Amanda est capable d'être déjà au courant. Elle a les yeux derrière la tête pour les liaisons de ce genre.

Balint, agacé par l'audace de son rival, avait insisté sur le mot *liaison*.

– Je n'en doute pas.

Les portes de l'ascenseur délivrèrent Sugarman qui se dépêcha de quitter l'hôpital en souhaitant bonne soirée à Balint.

Ce dernier aperçut Dalila et toute sa colère s'évanouit aussitôt.

En tenue de ville, elle était déjà splendide. En tenue de soirée – jupe à fleurs et chemisier jaune à volants – sa beauté pouvait provoquer une arythmie. Peut-être fatale. Étudiant, Balint avait séduit un paquet de filles mais il n'en revenait pas que Dalila Navare ait accepté son invitation. Difficile de croire qu'elle était célibataire. Elle agita délicatement la main pour le saluer. Il balaya le hall du regard, se maudissant de ne pas avoir choisi un endroit moins exposé. Heureusement, à part l'agent de sécurité, il ne reconnut personne.

– Je suis désolé, une urgence là-haut.

– Il ne faut pas t'excuser, Jeremy. Ce que tu avais à faire était certainement plus important que notre rendez-vous.

– Absolument pas.

Ils empruntèrent la porte tambour et le chemin piétonnier pour rejoindre sa Mercedes. Il avait eu la bonne idée de se garer dans la rue – pour éviter le parking de l'hôpital qui l'obligerait inévitablement à discuter avec des collègues en attendant de payer. Sur la place recouverte de dalles en granit, la nuit s'était posée sur les statues de marbre figurant les pionniers de la médecine. L'air était vif. Balint ouvrit la portière pour Dalila et ils prirent la direction d'Hager Park. Il n'appréciait pas particulièrement ce restaurant de fruits de mer, il l'avait choisi car Amanda y détestait le personnel, trop attentif à vos moindres besoins. Il aurait aimé l'emmener dans un bistro romantique qui donne sur le port – il avait même réservé une table – mais il craignait de tomber sur Amanda et Sugarman.

– Parle-moi de ton travail, demanda Dalila. C'était quelle urgence, tout à l'heure – si tu as le droit de m'en parler.

On les avait installés dans un recoin confortable, tout près de l'aquarium à homards.

– Je peux tout te dire, mais ça doit rester entre nous – pas d'Internet !

– Je n'en parlerai même pas à Papa.

Dalila dégageait une telle chaleur à son égard qu'il désirait ardemment l'impressionner.

– Grande nouvelle, aujourd'hui, nous allons monter un dispensaire gratuit pour les parents des banlieues défavorisées. J'ai rencontré un rabbin. L'idée, c'est d'inciter les parents à nous confier les enfants pour des ateliers. L'objectif : diminuer la criminalité chez ces jeunes.

Il fournit ensuite moult détails sur le projet Cain, inventant et embellissant quand il le fallait. Dalila ne pouvait qu'en déduire que le programme était entièrement sorti de la tête de Balint, même s'il s'était gardé de le dire ouvertement. Il omit bien sûr de préciser avoir rencontré Steinhoff par sa femme, et même qu'il était marié, ce qui entraînait inévitablement d'autres menus mensonges. Au fil de la conversation, il comprit que sa potentielle maîtresse était catholique pratiquante ; comme il tenait à minimiser leurs différences, il évita tout élément qui aurait pu indiquer qu'il était juif.

Il raconta sa vie – la version qui excluait Amanda et leurs filles – et écouta les aventures innocentes de Dalila, lorsqu'enfant elle rendait visite à ses cousins de Caracas. Il lui avait fallu choisir entre une carrière dans le social ou dans le médical. Balint rêva d'abandonner son épouse, d'oublier Sugarman, et passer le reste de sa vie aux côtés de la plus belle femme au monde. S'il avouait la vérité à Dalila, et ajoutait qu'il allait divorcer, elle lui pardonnerait. Malheureusement, ce n'était pas ce qu'il voulait. S'il ne savait pas où le mènerait son histoire avec Dalila, il était exclu de perturber la vie de ses filles au profit de son propre plaisir. Une autre réalité, plus dérangeante, s'imposa à lui ce soir-là : il avait hâte de poser ses mains autour du cou de Sugarman.

Ils vidèrent la carafe de vin. Balint avait dépassé le niveau de consommation autorisé mais se sentait capable de conduire.

– Je te raccompagne chez toi ? demanda-t-il.

– Tu n'es pas obligé.

Ils s'embrassèrent. Timidement. Puis avec désir. Quelques minutes plus tard, Balint prenait une chambre au motel d'Hager Heights.

*

Dernière décision logistique à prendre : *quand* ?

La date de la première attaque était aussi importante pour des meurtres en série que cela l'était pour un assaut militaire. Balint était sur le point de choisir le jour J, l'heure H. Il était équipé, il savait où intervenir, il n'avait plus le choix.

Involontairement, Amanda décida pour lui. Vers minuit, au retour de sa soirée avec Dalila, il trouva sa femme au lit devant la télévision.

– Les filles passent la nuit chez mon amie, Ellen Arcaya. Elles m'ont suppliée. J'espère que tu n'es pas fâché.

– Bien sûr que non.

Il retira sa cravate et la déposa sur le dossier d'une chaise.

– Tu te souviens d'Herb Pickering ?

– Je devrais ?

– Un dentiste qui avait les dents de travers. Sa fille fait de la danse avec Jessie.

Balint ne se rappelait pas le dentiste en question. Il connaissait un ophtalmologue avec un œil de verre, mais c'était sans importance.

– On doit dîner chez lui ? demanda Balint.

– J'espère que non. Herb est mort. Rupture d'anévrisme hier matin.

– Pourquoi tu me racontes ça ?

– Parce qu'on doit passer voir sa femme demain soir. Tous les deux.

Amanda le regarda dans les yeux pour la première fois depuis qu'il était rentré.

– Ne fais pas cette tête, on dirait que tu vas tomber raide mort à mes pieds.

– Je n'en ai pas l'intention.

Mais il s'imagina soudain à la place du mort. Lui aussi, à trente-quatre ans, pouvait très bien succomber à une rupture d'anévrisme, crise cardiaque ou infection parasitaire rare. Le soir suivant, durant les trois heures qu'il endura dans le salon d'Alyssa Pickering, il ne cessa de penser que cette petite fille qui pleurait pourrait être sa Phoebe. Que ça pourrait être lui dans le cercueil. Le corollaire de ces pensées morbides était qu'il lui fallait augmenter son assurance vie. D'autant plus s'il décidait d'embrasser une violente carrière criminelle. S'il devait aller en prison, il se promit avec un pincement au cœur d'opter pour le suicide. Il assurerait ainsi une protection financière à ses filles. Quelques années auparavant, à sa grande surprise, il avait découvert, par le biais d'un patient qui s'était tué par overdose, que certaines compagnies d'assurance couvraient les suicides, pour peu qu'il y ait eu six mois de cotisation préalables à la mort.

Il décida d'augmenter drastiquement les sommes versées. Il ne devait cependant pas éveiller les soupçons d'Amanda, ni laisser de preuves de sa préméditation. Par chance, ils avaient prévu un voyage à Disney World. Si leur avion venait à s'écraser et, par on ne sait quel tour du destin, il mourrait en les laissant seules toutes les trois, il serait mieux qu'elles soient bien couvertes. Excellent prétexte. Peu convaincant mais plausible. Amanda le trouva parano mais sincère. Il sut alors *quand*. Il allait téléphoner aux assurances, profiter tranquillement de leur voyage familial en Floride et à son retour il s'en prendrait à sa première victime, juste avant Thanksgiving.

5

Chaque minute de leurs vacances portait l'empreinte d'Amanda. Tandis qu'il passait son temps à questionner la nature du mal et à imaginer comment dissimuler des morceaux de ruban, sa femme avait programmé douze jours d'activités ininterrompues pour la famille. Leur voyage faillit tomber à l'eau quand Balint apprit qu'il devait se présenter au tribunal le matin de leur départ ; il avait en effet intenté un procès contre l'entreprise qui leur avait installé le système de filtration d'eau dans la piscine. Les entrepreneurs portugais, un père et son fils, avaient endommagé une dalle en béton, donnant libre accès aux lapins et aux marmottes qui passaient désormais sous la barrière de sécurité. Balint repêchait régulièrement un animal mort dans la piscine. D'après son avocat, l'affaire était gagnée d'avance, mais la partie adverse s'évertuait à leur mettre des bâtons dans les roues.

– On peut ajourner l'audience mais ils en profiteront pour demander au juge un report et nous n'aurons pas de date avant un an.

Après réflexion, ils décidèrent qu'Amanda partirait avec les filles comme prévu, il les rejoindrait le lendemain.

Il retrouva son avocat à deux pas du tribunal. La procédure judiciaire fut une simple formalité, bouclée en moins d'une heure. Balint passa la soirée avec Dalila dans un restaurant français cinq étoiles, avant une nuit torride dans un hôtel tout aussi prisé. Elle parla plus que lui, fort heureusement, car il pouvait difficilement raconter son entrevue du matin ou ses problèmes d'assurance vie sans lui révéler qu'il était marié. Il paya cash. Inutile de laisser des indices sur son relevé bancaire. Le lendemain, Balint embarquait sur un vol pour la Floride, lesté d'une assurance d'une valeur supplémentaire de 800 000 dollars, qu'il avait contractée auprès d'un courtier de l'aéroport on ne peut plus ravi. Il avait raconté à Dalila qu'il participait à une réunion de l'Académie de Médecine d'Orlando.

C'était la troisième fois de sa vie qu'il se rendait à Disney World – la première à neuf ans, avec son père, puis dix-sept ans plus tard, avec Amanda enceinte de Jessie. Cette fois-là, il participait à un congrès de cardiologie d'une semaine à Kissimmee et ils avaient alors peu profité des divertissements, préférant dépenser leur énergie dans le lit king size de leur hôtel. La troisième visite s'avérerait aussi sportive car Amanda tenait à leur faire essayer toutes les attractions du Royaume Magique, à goûter chaque plat exotique du Centre Epcot, photographier les filles sur les genoux de *tous* les personnages rencontrés sur Main Street qui étaient en mesure de s'agenouiller. Ils firent un minigolf sur le pont d'un bateau pirate, admirèrent un guerrier indien Séminole[1] se battre d'un seul bras

1. Peuple amérindien d'Amérique du Nord, qui réside maintenant en Floride.

contre un alligator et ramèrent sur un kayak le long des rives du lac Tohopekaliga. Au milieu de toutes ces réjouissances, ponctuées de passages aux toilettes et de chamailleries, Balint se remémora les paroles de Sugarman : Amanda et lui formaient une équipe de parents exceptionnelle. Il fallait cependant avouer qu'Amanda assumait bien plus que sa part de travail.

Balint réalisa autre chose. Un jour, il se réveilla avant l'aube ; Amanda dormait encore. Il la contempla pendant plus d'une heure. Elle semblait si fragile, si éloignée de cette voix autoritaire qu'elle employait pour diriger ses filles, leur ordonnant de ranger leurs jouets comme on sonne la charge. Un déséquilibré aurait pu profiter de son sommeil pour se faufiler par la fenêtre et l'étrangler. Cette image, irrationnelle et peu probable, le laissa avec un sentiment de malaise. Il réalisa à ce moment-là qu'il aimait sa femme profondément.

Observer les gens avait toujours été un des passetemps préférés de Balint. Il aimait s'installer dans un lieu public et imaginer ce qui se tramait secrètement dans l'esprit et le cœur des passants : lequel de ses semblables songeait au suicide, entendait des voix ou prévoyait de détourner l'argent de sa société. Installé face au Hall des Présidents, tandis qu'il grignotait des beignets avec les filles, et qu'Amanda réservait une excursion en bateau à aubes, il se dit que son imaginaire était bien plus sombre que d'ordinaire. Si lui était sur le point de basculer, de devenir un tueur en série, quelles atrocités tous ces gens d'apparence honnête pourraient-ils commettre ? Le grand-père avec sa casquette de pêcheur était-il un agresseur d'enfants en puissance, capable de les amadouer pour mieux les séquestrer par la suite dans un trou à rat ? Les deux sœurs ventripotentes stockaient-elles des explosifs dans leur grenier ? Bien sûr que non. De toutes ces joyeuses familles américaines, il était certainement le seul à préméditer un meurtre. À sa grande surprise, cette révélation ne le perturba pas une seconde. Au contraire, il se sentait fier d'une telle distinction – fier de sa différence.

Le dernier soir, ils assistèrent au feu d'artifice au-dessus de Liberty Square. L'air s'était rafraîchi, Amanda insista pour que les filles enfilent leur coupe-vent. Phoebe se réfugia derrière les jambes de sa mère, apeurée par les pistolets des mousquetaires, tandis que Jessie sautillait à droite à gauche en souhaitant un « Joyeux 4 juillet » à tout le monde. Amanda passa le bras sous celui de Balint ; elle n'avait pas fait ce geste depuis des lustres.

– Ça me rappelle Cape May, dit-elle.

Il pensait à la même chose : une célébration d'Independance Day l'été précédant leur mariage. La soirée parfaite, juste tous les deux, au plus fort de leur histoire d'amour.

– Il y a bien longtemps, répondit-il.

Ils restèrent silencieux, le spectacle commençait. Amanda lui posa alors la plus inattendue des questions.

– Tu trouves que je suis une bonne épouse ?

Le vent soufflait dans les topiaires[1]. Un bébé pleurait dans la foule.

– Comment peux-tu même poser une telle question ?

– Je n'en sais rien. Comme ça.

Il lui caressa la nuque affectueusement.

1. L'art topiaire consiste à tailler les arbres et arbustes de jardin dans un but décoratif pour former des haies, des massifs.

– Bien sûr, tu es une bonne épouse.

Il était sincère. Malgré la liaison avec Sugarman.

– Et une mère fantastique.

*

Sur le vol du retour, Balint changea de vitesse. De bon père de famille, il passa à aspirant meurtrier. Il s'était trouvé un alibi pour le samedi suivant, un symposium à l'hôpital, qui lui prendrait la journée. Le genre de congrès où l'on peut signer un registre en arrivant à 8 heures puis disparaître – et c'était précisément son intention. La session s'adressait également aux infirmières et aux assistants des hôpitaux : l'auditorium de Sewell serait rempli, personne ne remarquerait son absence. Il pourrait facilement se rendre à Cobb's Crossing, accomplir sa mission, et retourner à l'hôpital pour récupérer le certificat validant ses nouvelles compétences. S'il était retardé, il demanderait à le recevoir par mail. Amanda étant informée à l'avance de ses projets, elle ne manquerait pas de programmer une petite escapade avec Sugarman, éliminant la probabilité d'un coup de téléphone au mauvais moment.

Un dernier obstacle se mettait en travers de son chemin : une peur lancinante de céder à la panique à la dernière minute. Une fois sa cible choisie, les mains autour de son cou, qu'adviendrait-il si le courage venait à lui manquer ? On dit qu'un tiers des soldats n'utilise pas son arme lors du combat. Son premier passage à l'acte était le plus risqué, car il n'avait aucun moyen de deviner si un vieux démon de moralité bien enfoui en lui n'allait pas retenir sa main à la dernière seconde. Cependant, au plus profond de lui, Balint sentait qu'il saurait résister à la pression. Adolescent, en vacances à Cormorant Beach, il avait sauvé la vie d'une promeneuse emportée par une déferlante en plongeant tout habillé dans la tourmente – il avait fait ses preuves. On pourrait arguer qu'il avait pour la circonstance plutôt *sauvé* que *supprimé* une vie, mais tout cela n'était qu'histoire de point de vue. Par ailleurs, il comptait quelques vrais trophées : six biches, un magnifique élan du Canada, plusieurs cailles et gélinottes, tous abattus dans le Wyoming lors de parties de chasse avec ses camarades d'université. Appuyer sur la gâchette n'avait jamais été un problème pour lui. On ne pouvait jamais être sûr avant d'avoir essayé mais il était confiant.

Le jeudi d'après, il repoussa tous ses rendez-vous de l'après-midi à la semaine suivante et se rendit au lac. Il n'y était jamais allé si tard dans la saison et découvrit, à son grand désarroi, qu'on apercevait plusieurs cabanons à travers la forêt de chênes dénudés. Le chemin était recouvert de feuilles mortes. Aucun signe d'activité humaine autour de la maisonnette. Balint réalisa qu'il neigerait inévitablement dans la région, et que chaque visite laisserait alors des traces. Devait-il caler son programme sur la météo et prendre suffisamment de rubans pour assurer plusieurs meurtres ? Ou bien acheter une paire de chaussures plus grandes, avec une semelle particulière, et s'en débarrasser par la suite ? Il y penserait plus tard. Il restait encore quelques semaines avant les premières chutes de neige.

Balint sortit la bobine du coffre et en coupa une soixantaine de centimètres, qu'il rangea dans un sachet de surgelés, au fond de son portefeuille. Il portait des gants en latex par-dessus ses gants en cuir – il en ferait autant quand il étranglerait ses victimes. Au moment de partir, il remplit les gants chirurgicaux de galets et les balança dans le lac. Il avait l'impression de prendre autant de soin qu'un médecin avant une opération, le sentiment d'aventure en plus. Dans une vie parallèle, il aurait écrit des romans policiers.

À son retour chez lui, le ruban planqué au fond de sa poche de pantalon, il trouva la porte entrouverte. Il était 18 heures. Dans le salon, Amanda consolait une femme qu'il ne connaissait pas. Elle avait leur âge, ou quelques années de moins, une crinière parfaitement laquée et des pommettes saillantes. Elle se mouchait ; l'intrusion de Balint la fit sursauter.

– La porte d'entrée était ouverte, dit-il, plus pour meubler le silence.

– Désolée, on a passé une drôle d'après-midi. Je te présente notre nouvelle voisine, Sally Goldhammer. Elle a eu très peur. Son adorable fille s'est enfuie de chez elle. Elle est simplement venue jouer avec Phoebe et Jessie mais Sally l'a cherchée pendant des heures et a finalement prévenu la police.

– Abby n'a que trois ans, ajouta la voisine.

Amanda passa le bras autour de la jeune femme, qui buvait un chocolat chaud.

– Les petites jouaient à la maman, elles étaient si mignonnes. Elles ne se sont pas rendu compte de la peur qu'elles ont causée.

– Tim va me tuer. Il m'accuse sans arrêt de ne pas assez la surveiller. Je ne suis bonne à rien. Pourtant j'essaye, je vous jure… Je ne suis pas faite pour ça…

– Mais non, ça peut arriver à tout le monde, dit Balint.

Il n'avait pas l'intention de se pencher sur les compétences maternelles de Sally Goldhammer. Il prit son mal en patience alors qu'Amanda suggérait différentes stratégies pour annoncer la nouvelle au mari, un banquier actuellement en voyage d'affaires à travers l'Europe.

– Vous pourriez tout aussi bien ne rien lui dire, proposa-t-elle enfin. L'ignorance est parfois préférable.

– Je ne peux pas faire ça.

– Pensez-y, insista Amanda. La décision vous revient, bien évidemment, mais si j'avais dû avouer à Jeremy tous les dangers encourus par nos filles, il y a belle lurette qu'il aurait fait une crise cardiaque. Il n'a aucune idée du nombre de fois où nous avons frôlé la catastrophe.

– Je préfère ne pas savoir, répondit Balint.

La voisine renifla dans son mouchoir.

– Je ne pourrais plus me regarder dans le miroir. Tim et moi n'avons pas de secret l'un pour l'autre.

Ça, c'est ce que tu crois, pensa Balint.

Il s'éclipsa et monta dans la chambre de Phoebe où ses deux princesses le couvrirent de baisers. La petite Abby s'était agrippée à sa jambe droite comme à un arbre et refusait de lâcher – il craignait que ce genre de jeu ne soit plus de son âge. C'était une minuscule gamine, si chétive qu'on l'aurait jurée malade, avec sa toute petite tête et ses grands yeux, qui à l'adolescence la feraient passer au choix pour une beauté ou pour un cas pathologique – elle avait par ailleurs l'air malade. Peu importe, le capital génétique de cette enfant n'avait aucune incidence sur sa vie à lui. La progéniture des autres l'embarrassait. À ses yeux, seules comptaient Phoebe et Jessie : son testament, sa postérité. Il se réfugia dans la cuisine et se servit un verre de Merlot.

Un peu plus tard, après avoir réussi à pousser la voisine dehors avec sa fille, Balint lut une histoire de sirènes aux petites et suivit Amanda dans la buanderie :

– Dis-moi, combien de fois au juste on a frôlé la catastrophe ?

– Ma parole, tu es pire qu'elle, répondit Amanda en riant.

– Alors ?

Sa femme continuait à enfourner des affaires dans le sèche-linge.

– Tu crois sérieusement que les filles se sont échappées de la maison sans que je m'en rende compte ? Non, ça ne m'est jamais arrivé, merci pour ta confiance. Ah, au fait, j'oubliais : je ne t'en avais jamais parlé, mais on a une troisième fille – hélas, elle a été enlevée par un babouin.

Elle versa de l'assouplissant, et d'un ton plus sérieux :

– Cette femme me fait de la peine. S'occuper des enfants, ce n'est pas son truc.

– Elle n'est sans doute pas la seule.

Amanda ferma le hublot.

– Nous, au moins, on s'en tire bien de ce côté-là.

*

Le jour J se présenta.

Balint se réveilla à 6 heures, se doucha, se rasa, enfila une tenue confortable et partit peu après 7 h 30. Ses filles dormaient encore ; il leur déposa à chacune un baiser sur le nez et sur le front. Amanda était descendue boire un café ou, plus précisément, descendue pour le regarder boire le sien. Elle pensait se recoucher jusqu'à au moins 10 heures. Il se doutait bien que d'ici midi les petites se retrouveraient chez Ellen Arcaya ou Betsy Sucram ou encore – Dieu l'en préserve – Sally Goldhammer, pendant qu'Amanda se vautrerait dans le lit de Sugarman. *Profites-en bien, tes jours sont comptés, Sugarman.*

C'était le week-end précédant Thanksgiving, de nombreux véhicules saturaient le péage en direction de Manhattan en prévision des achats de Noël. Quelques cumulus glissaient lentement dans le ciel, la journée s'annonçait douce. Le temps idéal pour un meurtre. Balint passa le pont George Washington avant 9 heures et sortit à Cobb's Crossing, à 9 h 47 précises. Quelques minutes plus tard, il se garait dans le parking d'un petit centre commercial – pharmacie, toilettage pour chiens, le restaurant *La Dînette de Maia* – et retirait sa veste. Il glissa le sachet avec le ruban dans sa poche. Il en ouvrit un autre contenant des gants en latex qu'il avait rapportés d'un hôpital en Californie où il animait une conférence pour éviter que l'on puisse remonter jusqu'à l'hôpital de Laurendale. Il en enfila une paire sur ses gants en cuir. Le sang bouillonnait dans ses veines, il était en sueur. Il ne lui manquait plus qu'à repérer une cible, et passer à l'acte.

Balint roula tranquillement en direction de l'université. Dépassa un pépiniériste, un panneau qui indiquait la décharge municipale, puis tourna dans une rue calme avec des maisons victoriennes en bois à deux étages. Les trottoirs étaient déserts ; sous un porche, deux jeunes garçons vigoureux fumaient un cigare. Seules âmes qui vivaient là. Balint ne savait pas encore ce qu'il cherchait. Il continua à rouler doucement, la Mercedes serpentant d'une avenue à l'autre. Il avait oublié à quel point la banlieue était déserte en journée – même le week-end. Des citrouilles d'Halloween accrochées aux maisons commençaient à se décomposer ; une brouette avait été abandonnée dans un parterre de fleurs. Il avait redouté de croiser trop de monde, d'être gêné par la circulation ; quelle ironie si son plan devait tomber à l'eau par manque de victime.

Au bout d'une longue allée, il remarqua une grande fille toute maigre, en âge d'être étudiante, qui bataillait avec son trousseau de clefs devant un appartement en sous-sol. Son vélo appuyé contre le mur, elle avait sorti un cactus de son panier. Une fois entrée, elle laissa la porte ouverte derrière elle. Des outils de jardinage, pelles et binettes, étaient appuyés contre le mur du garage.

Balint arrêta sa voiture le long du trottoir. Balaya la rue du regard : tout était calme. Comme il l'avait supposé, la jeune fille ressortit cadenasser son vélo. Elle portait un bas de survêtement et un haut près du corps qui laissait voir son nombril. Balint avait profité de sa brève absence pour se cacher derrière les poubelles, au bout de la voie de garage.

Au départ, il comptait la suivre dans l'appartement – et au besoin l'assommer par-derrière avec l'une des pelles posées à quelques pas de la porte. Il était sur le point de lui sauter dessus quand il se rendit compte qu'une porte donnant sur le jardin était également ouverte. À y regarder de plus près, il nota d'autres éléments dignes d'intérêt : sur la table du patio, une tasse de thé et une paire de lunettes posées sur un journal plié en deux. Pour des raisons qui lui échappaient, il changea instantanément de cible ; il épargnerait l'étudiante. Il attendit qu'elle rentre chez elle puis monta les escaliers à l'arrière de la maison jusqu'au premier étage.

Le vestibule donnait sur une cuisine proprette dont l'électroménager semblait ne pas avoir changé depuis trente ans. Sur le frigo, des photos de jeunes frères et sœurs, des cousins peut-être. Un magnet avec l'inscription « As-tu pris ta tension aujourd'hui ? ». Juste au-dessus, le portrait de jeunes mariés. Balint ne devait pas se montrer sentimental. C'était juste un travail à accomplir. Rien d'autre. Quelques portes plus loin, on entendit un bruit d'eau, quelqu'un tirait la chasse. Il se tenait prêt juste derrière la porte, du côté des gonds, ce qui lui donnerait l'avantage de voir sa victime avant d'être vu.

La porte s'ouvrit, une tête grisonnante s'avança, qui ne dépassait pas la poitrine de Balint. En moins d'une seconde, il avait les mains autour de sa gorge. Il serra de toutes ses forces. La vieille femme éructa un gargouillement étouffé avant de s'évanouir. Il lâcha prise, tétanisé. La tête de la femme, en tombant, vint percuter le sol en lino.

Balint s'agenouilla et étrangla de nouveau sa victime pendant deux autres minutes – montre en main. Il posa deux doigts sur la carotide : son cœur continuait hélas à battre. Il lui fallut cinq minutes d'effort supplémentaire pour que la vieille dame exhale son dernier souffle, à en rendre ses mains douloureuses. Mais il avait réussi. C'était le plus important.

Il inspecta rapidement l'étage. Dans la grande pièce, il trouva un piano, une harpe et un canapé qui semblait parfait pour allonger le corps. Il traîna le cadavre à travers la cuisine, puis le couloir d'entrée, et le hissa sur le canapé. De chaque côté, la photo d'un enfant. Quand Balint se pencha au-dessus du corps pour mieux installer la tête sur l'accoudoir, les yeux marron de la vieille femme le regardèrent fixement – un air plus hagard qu'accusateur. Sur le front, des rougeurs et des égratignures provenant des frottements contre la moquette. Dans la chute, le nez s'était cassé. Elle avait la mâchoire ouverte. Rien de plus à dire sur ce corps au teint cireux, encore vivant quelques instants auparavant. Avec précaution, il sortit le ruban vert et le passa autour du cou de la victime. C'était fait. Ses nerfs avaient tenu le coup.

Alors qu'il s'apprêtait à quitter les lieux, une autre paire d'yeux se posa sur lui. Un homme âgé se tenait dans l'encadrement de la porte, bouche bée, paralysé par le spectacle qu'il avait devant lui. Leurs regards se croisèrent et l'homme sortit de sa transe, fit volte-face pour s'enfuir. Fort heureusement, sans un cri, sans un son. L'homme n'avait pas fait cinq pas que Balint se jeta sur lui et l'envoya au sol, tête la première. Un craquement effroyable résonna dans le couloir. Balint se mit à cheval sur l'homme et l'étrangla. Puis, il fit glisser le second corps jusqu'au canapé et l'allongea à côté, par terre.

Il passa la pièce en revue une dernière fois, admirant son œuvre. Il espérait simplement que le second meurtre ne ferait pas d'ombre au premier. Il n'avait pas suffisamment de ruban pour les deux victimes, la police pourrait croire que la femme portait le sien en simple bijou. Il aurait dû en emporter un peu plus.

La fracture du crâne avait laissé une traînée de sang, dans laquelle Balint prit garde de ne pas marcher en sortant. Il ferma la porte derrière lui mais ne toucha pas à la tasse de thé ni au journal. Il voulait que l'on découvre rapidement les corps – il fallait que la police parte à la recherche d'un assassin. Lui n'avait rien à se reprocher dans cette histoire, après tout. Ou presque rien. Encore deux victimes et l'Étrangleur au Ruban vert pourrait liquider Warren Sugarman.

ACTE II

6

Il était toujours le même.

Balint avait craint que son premier meurtre transforme sa personnalité – d'être profondément changé en quittant le quartier de Cobb's Crossing : il n'en fut rien. Avant même d'en devenir un lui-même, il s'était toujours étonné du sentiment de culpabilité qu'éprouvaient certains assassins. À l'université déjà, où il avait enduré tout un séminaire de littérature anglaise, les remords de Lady Macbeth le sidéraient. Maintenant qu'il avait montré de quoi il était capable, l'idée de remettre en cause ses propres actes lui semblait incongrue. Sur le chemin du retour, il aurait pu ruminer son angoisse, au lieu de quoi il éprouvait une paix intérieure qu'il n'avait pas connue depuis des mois. Son avenir était scellé, il ne pouvait plus faire marche arrière. Balint s'arrêta dans une aire de repos pour jeter ses gants aux toilettes. Il éprouvait une grande satisfaction. Pour sa plus grande joie, malgré les embouteillages dus à la foule qui sortait du stade de football de l'université, il serait à l'heure pour passer prendre son certificat à l'hôpital.

Les jours suivants, sa sérénité céda la place à une énergie inépuisable. S'il ne s'était pas promis d'attendre au moins deux semaines avant de frapper de nouveau, il aurait recommencé très vite. Ce n'était pas par plaisir de tuer – loin de là –, la brutalité de cette première attaque l'avait répugné. Seulement, maintenant que le processus d'éviction de son rival était en marche, il avait hâte d'en finir, de terminer le boulot. Un autre élément motivait son impatience : une fois Sugarman hors jeu, Balint aurait toute latitude pour convaincre son remplaçant, Chester Pastarnack ou un quelconque intérimaire, d'inscrire le père de Dalila sur liste d'attente. La précipitation comportait ses défauts ; s'il avait commis des erreurs, il espérait que la presse s'en ferait l'écho pour affiner sa méthode à l'avenir. C'était là toute la subtilité de son plan. Néanmoins, ses désirs les plus profonds l'emportèrent et il décida qu'il improviserait si l'occasion se présentait.

Le premier jour, les médias ne firent aucune mention du double homicide. Le dimanche, Balint trépigna toute la journée dans son bureau en écoutant la radio locale de New York, dans l'attente d'un scoop. Rien. Il n'osait entreprendre des recherches sur Internet – pas même à la bibliothèque municipale, de peur que la police ne retrouve ses empreintes sur le clavier.

Le lundi matin, il se rendait au travail lorsque l'affaire finit par sortir. Ses victimes s'appelaient Albert et Wilma Rockingham, tout juste âgées de quatre-vingts ans. Professeurs de musique à la retraite de Saint Anselm College. Leur petite-fille Ruth, qui logeait dans l'appartement au sous-sol de la maison, avait découvert leurs corps. Balint était le seul à goûter l'ironie de la chose : la jeune fille qu'il avait épargnée n'avait pas eu tant de chance que cela.

La suite du reportage exaspéra Balint au point qu'il faillit emboutir un platane. La police locale pensait à un meurtre doublé d'un suicide ; l'homme souffrait de démence depuis plusieurs années. Un voisin de longue date décrivit le couple comme « inséparable », « dévoué », un capitaine de police promettait d'explorer toutes les pistes : pas un mot sur le ruban vert. Balint était ahuri : personne n'avait donc remarqué les marques de strangulation ? Les égratignures sur le front de Wilma ? Il lui avait cassé le nez, bordel ! Comment une grand-mère parviendrait-elle à s'étrangler elle-même avec ses petites mains frêles ? L'envie le démangea d'appeler les flics de Keystone à Cobb's Crossing pour dire sa façon de penser à ces imbéciles.

La période de Thanksgiving arriva et les médias oublièrent tout à fait le sujet. Balint se sentait de plus en plus maussade et déprimé. Il avait promis d'emmener les filles à la parade de Macy sur la Cinquième avenue mais, au dernier moment, il prétexta un mal de dos et laissa Amanda les accompagner seule. Qu'en avait-on à faire, à présent, que ses faits et gestes paraissent suspects ou non ? Son problème, désormais, était plutôt qu'il n'y ait *plus* d'enquête criminelle à résoudre. Balint faisait les cent pas dans la maison vide. Et si les autorités étaient moins bêtes qu'elles n'en avaient l'air ? Elles suspectaient peut-être déjà quelqu'un – peut-être le ruban les avait-il mis sur une piste –, et toute cette histoire de meurtre-suicide ne serait qu'un piège ? Une ruse pour tromper la vigilance de l'assassin. Plus il y songeait, plus cette hypothèse lui semblait plausible. Ce soir-là, ils fêtèrent Thanksgiving chez les parents de Balint, et Phoebe tint à décrire en détail chacun des chars de la parade. Il se laissa aller à ses pensées. Son plan avait peut-être marché. Il se sentait regonflé ; la police était forcément à la recherche de l'Étrangleur au Ruban Vert. Son esprit bouillonnait tellement que quatre verres de vin ne suffirent pas à diminuer son euphorie.

Le lendemain, Balint se risqua à parcourir le journal de Westchester à la bibliothèque de Pontefract. Ce n'était pas une erreur impardonnable – il n'avait pas lancé de recherches sur son propre ordinateur, avec des mots-clefs comme « double homicide » ou « Rockingham » –, mais il était toujours possible qu'on le voie. Le besoin de savoir où en était l'enquête était plus fort. Malheureusement, il ne trouva rien. La presse se désintéressait des époux Rockingham.

Dimanche après-midi, un événement mineur le contraria. Il installait un numéro phosphorescent sur la boîte à lettres – nouvelle exigence de la mairie qui lui avait valu plusieurs courriers de rappel – lorsque l'étrange amie de sa femme, Bonnie Kluger, l'interpella. Elle portait un chapeau colonial et une paire de jumelles autour du cou.

– Je vous ai vu hier, dit-elle sans préambule.

– C'est possible, j'étais par ici.

– Non. À la bibliothèque de Pontefract.

Il aurait dû lui répondre oui, tout simplement. Il n'y a aucun mal à lire à la bibliothèque. Mais, pris de court, il mentit :

– C'est impossible. Je ne suis pas allé à Pontefract depuis une éternité.

– C'était vous, dit Kluger en pointant son index vers lui. Et c'était hier.

Balint regretta aussitôt d'avoir nié. Il haussa les épaules. Qu'importait si Bonnie Kluger le jugeait malhonnête.

– C'était vous, je sais ce que je dis.

Elle partit comme elle était venue. Il la regarda traverser la rue, braillant des ordres à ses innombrables chats, puis disparaître chez elle.

Il n'avait rien à craindre de cette femme, aussi cinglée qu'inoffensive – mais il en tirait une bonne leçon : le moindre détail pouvait s'avérer compromettant et le conduire à réagir bizarrement – comme ce mensonge ridicule à sa voisine.

Patience, donc. Au début, chaque jour qui passait sans aucune information nouvelle sur le double meurtre le frustrait terriblement. À la fin de la semaine, il était prêt à abandonner tout espoir et à considérer que les Rockingham ne faisaient plus partie de sa liste : il devrait tout reprendre à zéro. Puis, alors qu'il se détendait en salle de repos après une longue matinée de travail, il tomba sur un article du *Times* : « L'enquête de Cobb's Crossing reclassée. » Le rapport d'autopsie avait écarté l'hypothèse du meurtre-suicide et les autorités locales recherchaient maintenant un coupable. Toujours rien sur le ruban vert. Rien, si ce n'était peut-être, vaguement, cette déclaration énigmatique des autorités à propos d'un « détail curieux » relatif au crime. C'était déjà ça. Après bientôt deux semaines de supplices, Balint sentait qu'il allait reprendre le dessus.

*

Ils se mettaient tout juste à table ce soir-là lorsqu'on sonna à la porte. Balint regarda sa femme l'air interrogateur, elle semblait aussi étonnée que lui.

– J'espère que ce n'est pas encore Sally, dit-elle. Je t'ai dit qu'elle a perdu sa gamine une deuxième fois ? Pour Thanksgiving ! La police l'a retrouvée endormie dans la niche du chien des Rothschild !

– Tu ne m'en avais pas parlé.

On sonna de nouveau, à deux reprises cette fois.

– Je crois bien qu'il y a quelqu'un à la porte, dit Jessie en imitant la bonne anglaise d'une série télé. Je vais voir.

Jessie se précipita dans l'entrée. Balint haussa les épaules et la suivit.

Sous le porche, Gloria Picardo, anciennement Sugarman, semblait tout juste rescapée d'un naufrage. L'ex-femme du chirurgien n'avait pas de parapluie, et ne faisait aucun effort pour se protéger de la neige fondue qui tombait sans discontinuer. Des flocons givrés parsemaient ses épaules et ses cheveux filasse et décoiffés. Ses yeux étaient gonflés, injectés de sang.

– Jeremy ! Dieu merci, tu es là ! s'écria-t-elle en se précipitant dans le vestibule. Je t'en prie, dis-moi qu'Amanda est là !

– Elle est dans la cuisine. Qu'est-ce qu'il t'arrive ?

Pendant un court instant, Balint craignit qu'elle n'ait tué son ex-mari elle-même – l'objectif serait atteint mais il se sentirait diablement lésé. Gloria ne dit pas un mot. Elle tituba jusqu'à la cuisine où elle s'effondra sur la chaise de Balint. Et pleura le visage enfoui dans ses mains.

– Elle a mal ? demanda Jessie à son père.

– Je ne crois pas, ma chérie. Ta mère attire les femmes qui pleurent comme un aimant. Dès qu'une larme menace de couler, elles accourent sous notre porche.

Perplexe, Jessie fronça les sourcils :

– Je comprends pas.

– Eh bien, on est deux, ma chérie. Je vous propose d'aller, ta sœur et toi, manger devant la télé. Soirée spéciale. Ça vous dit ?

– Ouais ! Tu viens avec nous, papa ?

– Dans quelques minutes, princesse.

Il s'était débarrassé des filles juste à temps. Gloria se lança dans une diatribe pleine de jurons.

– Vas-y, tu peux tout nous dire, lui conseilla Amanda. Nous sommes tes amis.

Ça, c'était très fort. Des amis. Dont l'une couchait avec son ex-mari, et l'autre projetait de le tuer. Balint récupéra son assiette et dévora son flétan tandis que Gloria remplissait la cuisine de noms d'oiseaux.

– Espèce de salaud. Putain d'enfoiré !

– S'il te plaît, les enfants pourraient t'entendre, coupa Balint.

Gloria s'arrêta net et tâcha de reprendre contenance.

– Qu'est-ce qui s'est passé ? demanda Amanda. Raconte-nous.

Leur invitée s'essuya le visage avec une serviette.

– Il me trompait. Depuis des années. J'ai réussi à lire ses mails. Le mot de passe de cet immonde salaud était « cœur ».

Un sursaut d'adrénaline parcourut Balint. Dans la pièce voisine, Jessie et Phoebe se disputaient sur la chaîne à regarder.

– Tu sais avec qui ? demanda Amanda. Il a donné un nom ?

– Quelle importance ? coupa Balint, sur un ton de cruauté gratuite. Tu copines avec les maîtresses de Warren ?

Amanda lui décocha un regard féroce.

– Simple curiosité. Et, qui sait, le monde est petit.

Gloria les regardait l'un après l'autre.

– Le pire, c'est qu'il y en avait plus d'une. Patti, Sandra, M.W., une autre nommée C., une autre qu'il appelle A….

Le visage d'Amanda devint aussi blanc que de la gaze.

– Quel choc.

– Il continue à rencontrer A. les samedis et C. les dimanches.

– Qu'est-il donc arrivé à B. ? ironisa Balint.

Gloria n'avait pas dû l'entendre. Elle sortit un miroir de poche et scruta son visage.

– Mon Dieu, quelle tête ! Je suis désolée d'avoir débarqué comme ça chez vous, je ne savais plus où aller.

– Tu as bien fait, répondit Amanda.

Gloria la remercia avant d'éclater en sanglots.

– Mais qu'est-ce que je vais faire, maintenant ?

– Il n'y a rien à faire, la consola Amanda. Tu dois tourner la page. Il est devenu le problème des A., des C. et de qui sais-je encore.

Balint s'étonnait de ne déceler aucune émotion chez sa femme.

Gloria serrait son sac contre elle, l'air hébété.

– Il est temps que tu t'intéresses aux autres hommes, dit Amanda. La meilleure des vengeances est de te reconstruire une belle vie. Jeremy pourrait t'arranger un ou deux rendez-vous avec des collègues...

Bah voyons, trop facile, pensa Balint. Même si Gloria Picardo n'avait pas eu cette allure de déterrée, la récolte de célibataires ne donnerait pas grand-chose à l'hôpital. Ses collègues plus âgés pourraient passer outre son physique mais il restait sa colère – ça, c'était impossible à vendre. Amanda avait le chic pour lui demander de rendre service, lui, à ses innombrables connaissances – une lettre de recommandation pour un spécialiste, un courrier pour les assurances –, mais elle ne réalisait pas le temps et l'énergie qu'il devait y consacrer.

– Je te jure, je le tuerais si je savais comment échapper à la police, déclara Gloria. J'aimerais vraiment tuer ce connard.

Tu *n'échapperais pas* à la police, elle aurait vite fait de te mettre la main dessus. Balint jeta les arêtes dans la poubelle et posa son assiette au fond de l'évier. Il s'éclipsa dans le salon pour regarder deux épisodes de *Dancing Barnacles* avec ses filles.

Il fallut deux heures de plus pour qu'Amanda parvienne à se défaire de leur visiteuse inattendue. Jessie et Phoebe se couchèrent plus tard que d'habitude.

Dès le départ de Gloria, Amanda débarqua dans le salon.

– On peut parler cinq minutes, Dr Balint ?

Il suivit sa femme dans un recoin de la salle à manger. Une fois hors de portée des filles, elle demanda :

– Qu'est-ce qui t'a pris ?

– De quoi tu parles ?

– *Qu'est-il donc arrivé à B. ? Tu copines avec ses maîtresses* ? imita Amanda. Tu n'es pas capable de voir que cette femme souffre ? Tu avais besoin d'en rajouter ?

– Elle ne s'en est même pas rendu compte.

– Peut-être pas elle, mais moi, oui.

– Et je ne me moquais pas d'elle. Pas exactement.

Sa femme avait les poings serrés.

– Bon sang, non, tu ne te moquais pas. C'est Gloria qui a raison, en fait. Vous êtes tous des cons.

*

Il tirait la leçon de ces premiers meurtres : il commettrait le prochain en pleine nuit. L'avantage de la journée était qu'il disposait de plus de temps et son alibi était plus facile à fabriquer, mais il risquait davantage d'être vu : le jeu n'en valait pas la chandelle. S'il avait simplement mené une double vie – partagée entre sa vie de famille et celle d'étrangleur – il n'aurait eu aucun mal. Mais, c'était en réalité une triple vie qu'il menait : père de famille, assassin… et amant. Jongler entre toutes ces obligations s'avérait un véritable challenge. Il dut admettre à contrecœur que Sugarman était plutôt doué. Il gérait plusieurs maîtresses alors que lui peinait avec une seule. À sa décharge, le chirurgien n'était pas marié avec Amanda, qui mettait un point d'honneur à tout savoir sur tout le monde. Si Balint avait épousé Gloria Sugarman-Picardo – pitié, pas ça –, il aurait pu coucher avec l'équipe entière de pom-pom girls de New York Jets sans qu'elle s'en aperçoive. Ça le rassurait un peu.

Les soirées de garde au dispensaire du rabbin – dont l'activité décollait lentement – offraient le meilleur alibi que Balint puisse trouver. Steinhoff louait un cabinet médical à un médecin dévoué à la communauté brésilienne, les lundis et mercredis soir. Tout était écrit en portugais mais l'équipement s'avérait d'excellente qualité. Balint avait persuadé le directeur du département de médecine de l'hôpital, le Dr Sanditz, d'attribuer trois internes au nouveau dispensaire, cela ferait un bon coup de pub. Il avait lui-même insisté auprès des plus jeunes de son service pour qu'ils prennent en main le fonctionnement de la structure. Balint superviserait deux soirées par mois. Il était arrangeant, mais pas dupe : si Amanda lui avait balancé cette affaire entre les mains, c'était entre autres pour pouvoir fricoter avec son amant. Ses soupçons se confirmèrent quand, au retour de son premier tour de garde, il découvrit que les filles avaient été envoyées dormir chez les sœurs Arcaya. Une soirée pyjama au milieu de la semaine, il n'y avait plus d'ambiguïté.

Au départ, son plan était de se faire remplacer pour l'une de ses gardes à la clinique puis d'aller rôder dans la banlieue new-yorkaise en quête de sa prochaine victime. Mais que se passerait-il si Amanda lui rendait visite à l'improviste et ne le trouvait pas ? Depuis plusieurs semaines, elle parlait de venir voir comment se portait le projet dont, avec le rabbin, elle était à l'origine et qu'elle appelait son « petit bijou ». Elle espérait sans doute fabriquer son propre alibi, ses témoignages d'affection détournant les soupçons de son infidélité. Leurs efforts respectifs pour dissimuler leur double vie menaçaient de se télescoper. Au lieu d'attendre la venue inopinée de sa femme, Balint la prit de court : il proposa à Steinhoff une visite guidée.

Amanda ne cacha pas sa déception, mais fut bien obligée de se joindre à eux. Steinhoff viendrait admirer les nouveaux locaux le lundi suivant. Une autre représentante de la synagogue, à l'air plus scandinave que juif et au visage de brebis, ainsi que la femme du directeur Sanditz, à l'air pincé, les accompagneraient. Peu de chances, après cela, que sa femme ne tente une visite surprise deux jours plus tard, le mercredi.

Le dispensaire fonctionnait correctement mais ne connaissait pas le succès escompté. On apprit par la suite l'existence d'un autre établissement de soins gratuits dans le même quartier – coordonné par l'église afro-américaine. Certains soirs, le projet Cain accueillait autant de patients que de médecins. La visite guidée de Balint consista essentiellement à passer en revue des bureaux vides. En l'absence de malades, l'endroit ressemblait à n'importe quel cabinet médical.

– Quand allez-vous ouvrir ? demanda madame Sanditz.

– Nous sommes déjà ouverts, répondit Balint.

Il guida ses invités jusque dans une salle d'examen. Un interne jouait au solitaire sur son ordinateur.

– Voici le premier cabinet, dit Balint comme s'il présentait les joyaux de la couronne d'Angleterre. Notre réserve de médicaments. Notre réfrigérateur. Et le Dr Desai, un de nos plus anciens internes.

Ce dernier esquissa un sourire gêné et serra quelques mains.

– Je n'ai pas bien compris, fit la Scandinave. Pourquoi vous n'avez pas plus de patients ?

– Je crois bien que nous les avons tous soignés, répondit Balint. Voici le placard où nous rangeons les blouses propres. Ici, vous avez les toilettes mixtes. Vous voulez peut-être les essayer ?

Le rabbin échangea quelques mots inaudibles avec Amanda avant de prendre sa voix de prédicateur :

– Le centre est ouvert depuis à peine un mois. La communauté n'a pas encore beaucoup entendu parler de nous.

– On se demande justement ce qu'ils ont bien pu entendre, railla madame Sanditz.

– Enfin, ici, le petit bureau du gardien. Eh, regardez qui va là, monsieur Paderewsky, le gardien en personne. Est-ce que l'un de vous souhaiterait dire bonsoir à monsieur Paderewsky ?

Amanda ne desserrait pas les mâchoires. Il l'imaginait en train de penser *« Et dire que j'ai troqué ma nuit folle contre ça ! »* On ne pouvait reprocher à Balint l'ouverture de ce centre. Ce n'est pas lui qui avait eu l'idée d'offrir des soins à des gens qui n'en voulaient pas. Mais il ne faudrait pas que Steinhoff ferme la clinique avant que Balint ait eu l'occasion de passer à l'acte. Heureusement, le rabbin n'était pas du genre à s'avouer battu. Il projetait peut-être même de monter une chaîne de centres de soins pour ceux qui n'en voulaient pas – les hommes de sa trempe portaient en eux plus d'espoir que toute l'humanité réunie.

*

Long Island aurait été l'endroit rêvé pour son prochain meurtre. Après avoir étudié la carte, il se dit que le comté de Nassau, qui constituait la majeure partie de l'île, pourrait très bien faire l'affaire – mais la distance était trop grande à parcourir pour un soir de semaine. Son choix s'arrêta donc sur le New Jersey – il trouverait bien un soir de week-end qui lui laisserait plus de temps pour une autre victime. Si Sugarman, comme il l'avait prévu, était le cinquième de sa liste, l'éventail offert aux enquêteurs leur laisserait largement de quoi se focaliser sur la ville de New York.

Il s'activa aussi vite que possible mais sa première mission – assurer sa couverture à la clinique – s'avéra plus complexe que prévu. Ce mercredi-là, le département de chirurgie célébrait Noël et les internes ne voulaient pas rater une soirée où l'alcool coulerait à flots. Après avoir passé une douzaine de coups de fil, Balint mit la main sur un pneumologue taïwanais de passage dans le coin, à qui il fit miroiter des patients « uniques ».

La veille, il fit sauter sa tournée de malades pour se rendre au lac. Le sentier était dégagé mais, sur les bas-côtés, la végétation était enfouie sous plusieurs centimètres de neige. En prévision de l'hiver qui s'installait, il coupa six mètres de ruban qu'il rangea dans son portefeuille. Avait-il le choix ? Il regagna l'hôpital de Laurendale pendant la pause déjeuner de sa secrétaire. Quand elle revint à son bureau, il avait déjà fait entrer un patient. Personne n'avait remarqué ses quatre heures d'absence.

Mercredi matin, l'aube était claire et fraîche. Balint passa une heure au téléphone avec Dalila pour l'aider à finir un de ses devoirs pour l'école d'infirmière – un problème alambiqué sur le dosage des médicaments. Depuis qu'il lui avait affirmé que son père était sur liste d'attente – ce qui n'était *toujours* pas vrai, mais le deviendrait peut-être bientôt –, Dalila était au septième ciel. Ils se voyaient environ une après-midi par semaine et elle lui apparaissait chaque fois plus ravissante. Au cours des trois mois à venir, elle allait travailler en équipe de nuit dans l'hôpital d'un autre comté – passage obligé pour prétendre au diplôme. Il aimait lui apporter son aide. Il avait alors l'impression qu'elle aussi retirait un bénéfice de leur liaison, qu'elle n'était pas là juste pour assouvir ses désirs. Après lui avoir dévoilé quelques astuces pour prolonger l'effet des benzodiazépines[1], il passa le reste de la journée à tâter des poitrines et palper des abdomens. Le dernier patient annula. À 16 heures, la Mercedes s'engageait sur Veterans Boulevard.

Cette fois-ci, il n'avait pas déterminé la ville à l'avance. Il se laissa conduire par la route pendant une heure et prit la première sortie qui avait un air de banlieue. Il atterrit à Upper Chardwick, une ville-dortoir composée de maisons à deux étages, espacées les unes des autres. Comme s'ils avaient anticipé les desseins de Balint, les urbanistes avaient parsemé les rues de buissons à feuilles persistantes – buis, lauriers, troènes. La majorité des trottoirs étaient invisibles depuis les maisons. Balint n'avait pas réfléchi à la façon dont il choisirait sa proie ; il rôda le long des ruelles et des impasses en quête d'une victime alléchante. Il suivit un temps deux jeunes filles, espérant qu'elles finiraient par se séparer, mais en vain. Il passa devant un jeune homme penché au-dessus d'un moteur ; la rue et les espaces verts alentour étaient déserts, mais le mécanicien semblait de taille à se défendre. Il aurait pu décider de lui tirer dessus plutôt que de l'étrangler. Mais les armes sont bruyantes

1. Somnifères et anxiolytiques.

et difficiles à cacher. Et, pour être honnête, Balint n'avait aucune idée de la façon dont on se procurait une arme à feu illégalement.

Sur le tableau de bord, l'horloge indiquait 18 heures passées. Balint commençait à désespérer, mais il ne se laisserait pas guider par ses émotions. Faute de cible adéquate, il agirait un autre soir. Un travail bâclé le mènerait automatiquement à la chambre à gaz – façon de parler, il n'y avait plus de chambre à gaz dans le New Jersey[1]. Mais il avait franchi les frontières de l'État pour le meurtre des époux Rockingham et risquait la peine de mort – raison de plus pour ne pas se faire prendre.

Il se donna une demi-heure de plus. Il roula devant un collège et sans réfléchir s'engagea sur le parking. Enfin. Il avait repéré sa proie.

Le gosse avait treize ou quatorze ans. Pas trop jeune. Sans être obèse, il était en surpoids, ses membres boudinés ; comme si cela ne suffisait pas, la nature lui avait octroyé un menton et un front fuyants. Assis sur une balançoire, il traînait ses pieds dans le sable. Au sol, un énorme sac à dos. Personne d'autre à la ronde. L'éclairage du collège, fixé à hauteur de gouttières, offrait à Balint une vue parfaite sur le parking, le parc et les terrains de baseball autour. Il n'aurait pu espérer mieux.

Il coupa le moteur. L'adolescent leva la tête un court instant, l'air morose. Balint avait déjà rencontré de tels garçons, au lycée surtout, quelques-uns à

1. Certains États avaient recours à la chambre à gaz pour appliquer la sentence. La peine de mort a été abolie dans le New Jersey en 1976.

l'université. Ils étaient promis à un avenir misérable : quelle femme voudrait se réveiller chaque matin à côté d'un spécimen de ce genre ? Quel employeur voudrait l'embaucher ? Plus il pensait au garçon, plus Balint éprouvait de la pitié – et plus il était convaincu de rendre service à ce gamin hideux. Ses parents le regretteraient sans doute. Ses frères et sœurs aussi, peut-être. Mais sur le long terme, il leur épargnerait la peine de regarder leur progéniture se débattre désespérément au sein d'une existence misérable, d'une tristesse infinie. Il épargnerait aux belles femmes – telles que Phoebe et Jessie plus tard – les avances désespérées d'une telle créature. Il ferait économiser des milliers de dollars à la Sécurité sociale, qui n'aurait pas à payer la psychothérapie de ce loser. Le meurtre des Rockingham avait été un mal nécessaire, tandis qu'extraire ce jeune individu de sa condition représentait presque une bonne action, même si les autorités ne verraient évidemment pas la chose sous cet angle.

Balint enfila ses gants. Déballa le ruban et le fourra dans sa poche. C'était seulement la deuxième fois, mais il avait déjà l'impression d'une certaine routine.

Il sortit de la voiture et traversa la rue. Au-dessus de leurs têtes, dans le ciel d'un noir total, une étoile brillait déjà. La distance qui le séparait de sa cible s'élevait tout au plus à trente mètres. Le garçon était perdu dans ses pensées.

Quand Balint fut à vingt mètres, il leva le nez et lui jeta un regard torve. À dix mètres, il paraissait sur le point de dire quelque chose. Quand Balint fut à seulement cinq pas, le gamin sortit un « Salut. » Une voix hésitante mais plus profonde et plus puissante que Balint ne l'aurait pensé.

– Salut, répondit Balint. Je peux m'asseoir ?

Le garçon semblait dérouté. Il n'avait apparemment pas l'habitude qu'on brise sa solitude, mais quel choix avait-il ?

– OK.

Balint fit un pas vers lui comme s'il s'apprêtait à s'asseoir sur la balançoire d'à côté et enserra soudain le cou de l'adolescent. Sous l'effet du choc, ou d'une certaine résignation, il n'opposa que peu de résistance. Il s'accrocha aux mains de son assaillant pendant quelques secondes puis devint aussi flasque et lourd qu'une couverture mouillée.

Balint traîna le corps derrière une haie. Avec la dextérité de l'assassin émérite, il retira le manteau de sa victime pour dégager son cou et coupa un morceau de ruban d'une soixantaine de centimètres. Il le passa autour du cou et fit une jolie boucle. Puis – une meilleure idée lui vint – il coupa deux autres morceaux, qu'il noua également. Trois bouts de ruban vert pour la troisième victime. Voilà qui signait le crime de façon claire. Même un inspecteur incompétent ferait le rapprochement.

7

Et ils firent effectivement le rapprochement.

À minuit, on avait lancé une alerte enlèvement. Tôt le lendemain matin, à l'heure où Balint se rendait au travail en voiture, un observateur d'oiseaux matinal découvrait le corps. Balint comprit rapidement qu'il n'était pas tombé sur n'importe quel gamin. Parmi tous les ados boutonneux du New Jersey, il avait choisi Kenny McCord, seize ans, le fils aîné de la chef de la majorité au Sénat, Veronica Sanchez-McCord. Ses deux premiers meurtres avaient nourri les faits divers, son troisième faisait la une de tous les journaux à travers l'État. Les associations de citoyens rivalisaient entre elles. C'était à qui offrirait la meilleure récompense contre toute information utile à la police. La prime s'éleva bientôt à 100 000 dollars. « Justice sera rendue ! » proclamait le chef de la police d'Upper Chadwick, un agent qui semblait toujours à peine réveillé de sa sieste quelle que soit l'heure de l'interview.

– Comment peut-on vouloir du mal à un jeune homme aussi intelligent et apprécié de tous que Kenny

McCord ? Soyez certains que nous mettrons la main sur celui qui a fait ça !

L'inspecteur Putnam s'empressa de rappeler que le dernier meurtre commis sur sa juridiction datait de 1958. Aucune mention du ruban vert.

La couverture médiatique était telle que les patients de Balint ne pouvaient s'empêcher d'en parler pendant les consultations. Une vieille dame disait son inquiétude pour ses petites-filles étudiantes ; une autre mettait tout cela sur le compte de « la télévision, la drogue et les boîtes de nuit ».

Tandis que Balint arpentait l'un des couloirs de l'hôpital, il surprit une conversation entre la réceptionniste et l'homme qui venait changer les bonbonnes d'eau des fontaines.

– Vous verrez, c'est une histoire de fille.

– On dit que le gamin était un génie, un QI supérieur à 200. Quel dommage.

– Aucune fille ne vaut la peine qu'on meure pour elle.

Balint avait déjà entendu proférer toutes sortes de spéculations de ce type par le passé, mais cette fois, il connaissait la vérité – et ces élucubrations lui semblaient vraiment ineptes. Il y avait bien une histoire de fille là-dessous, remarquez, mais bien loin de ce que pouvait imaginer la réceptionniste.

Même Dalila mit le sujet sur la table l'après-midi suivante. Ils s'étaient donné rendez-vous au motel avant qu'elle ne parte pour le comté de Somerset le soir même.

– Je me suis toujours dit que j'aurai des enfants. Mais quand on entend ce qui se passe… je ne suis plus très sûre.

Balint était allongé nu, tout contre elle.

– C'est un coup de malchance, un sur un million. La plupart des enfants grandissent en toute sécurité.

– Oui, mais pas tous.

Il voulut changer de sujet sans paraître trop brusque.

– Tu vas peut-être me trouver ringard mais je pense qu'on peut éviter ces tragédies. Quand on devient parent, on doit se montrer vraiment prudent. On ne peut pas protéger nos enfants contre tout, c'est certain, mais ça peut faire la différence.

– Tu as sans doute raison, dit Dalila.

Elle le regarda intensément.

– Tu en voudrais, des enfants ?

– Quand je me sentirai prêt.

Il se haïssait. Nier l'existence de ses filles le rendait fou, viscéralement, plus que ses mensonges sur son mariage ou sa carrière.

– Et si j'ai des enfants, ajouta-t-il, je ferai tout pour qu'il ne leur arrive jamais rien d'aussi horrible.

Il était sincère.

*

Quatre jours furent nécessaires à la police pour établir un lien entre les meurtres – ou aux médias pour diffuser l'information. Quatre jours durant lesquels Balint passa le plus clair de son temps libre à écouter la radio et lire la presse locale new-yorkaise. Maintenant que l'affaire avait une résonance nationale, il n'avait plus besoin de dissimuler son intérêt. Le contraire aurait paru suspect. Le chef de la police assurait deux conférences de presse par jour, à 10 heures et à 18 heures, et faisait son possible pour démentir les rumeurs – demandes de rançons, copycats, et pourquoi pas terrorisme international ou un coup de ces mafieux de Lucchese[1]. Un jour, « l'inspecteur fatigué », comme le surnommaient certains journalistes, laissa échapper qu'il existait peut-être une relation entre les trois homicides. Derrière lui, le sceau de l'État du New Jersey, à ses côtés le ministre américain de la Justice et le chef régional du FBI. Balint assista au spectacle depuis l'un des écrans de la cafétéria de l'hôpital.

– Nous avons pris contact avec les enquêteurs du comté de Westchester. Nous avons de bonnes raisons de croire que l'auteur ou les auteurs du meurtre de Kenny McCord sont également coupables de la mort du couple de personnes âgées de Cobb's Crossing, à New York, le 24 novembre dernier.

Putnam n'utilisa pas le terme de tueur en série. Mais les experts en criminologie interrogés à la télé, eux, oui.

Ils présentèrent le profil du tueur auquel Balint s'était attendu : un homme blanc, en colère, entre vingt et quarante ans, vivant probablement seul, sans emploi stable. En toute franchise, malgré ses lectures fournies sur le sujet, Balint se demandait toujours comment ces consultants parvenaient à dresser un portrait à partir de si peu d'informations – mais il ne s'en plaindrait pas. Tant que le profil ne visait pas un cardiologue marié, avec deux filles et une carrière florissante.

1. Organisation criminelle et une des cinq familles mafieuses de New York.

Qui avait révélé l'existence du ruban vert à la presse ? La question se posa longtemps, bien après la clôture de l'enquête même. Rien ni personne ne sut établir l'origine de la fuite. Une semaine après la mort du jeune McCord, tout le monde savait. La police parlait de « l'Étrangleur à l'Émeraude » – bien plus séduisant que « l'Étrangleur au Ruban vert », il fallait en convenir. Balint savoura ainsi sa première victoire sur les autorités : les fibres du tissu avaient permis de remonter jusqu'à un grossiste qui fournissait des boutiques dans le Minnesota et le Wisconsin. Il était très fier d'avoir été si prévoyant. S'il avait acheté les accessoires près de chez lui, la police serait déjà à ses trousses.

Une seule fois, Balint fut en proie à une réaction émotionnelle en écoutant le récit de ses crimes – propos qui déformaient beaucoup la réalité. Après s'être cloîtrée une semaine chez elle, la sénatrice Sanchez-McCord accepta un entretien exclusif avec Isabel Crosby pour l'émission « Trenton Tomorrow ». Crosby ne se contenta pas de l'interroger sur son fils ; son mari, pompier, était récemment décédé en activité. L'émission ne faisait que commencer et déjà les deux femmes pleuraient.

– Il ne s'agit pas seulement de mon Kenny, dit McCord, qui s'était ressaisie. Mais de tous nos enfants. Mon fils aurait pu être *votre* fils, ou votre fille.

Balint éteignit la radio. Il n'éprouvait aucune sympathie pour la mère éplorée. Mais une rage viscérale. Comment osait-elle comparer son loser dépressif à ses admirables princesses ?

*

Fasciné par le déchaînement médiatique autour de l'Étrangleur à l'Émeraude, Balint avait parfois l'impression d'avoir atteint son objectif. Mais une rencontre en chair et en os avec Warren Sugarman suffisait pour lui ramener brutalement les pieds sur terre. Celle-ci se produisit alors que les autorités venaient de remonter la piste des vendeurs de ruban ; il se dépêchait de regagner sa voiture garée sur le parking de l'hôpital pour assister au gala de danse de sa fille. Devant l'entrée principale, Sugarman l'interpella :

– Attends !

Il envisagea de faire la sourde oreille mais n'osa pas. Le chirurgien traversa le parking en trottinant, rouge et essoufflé.

– Je suis content de te voir.

– Je suis pressé, Jessie a son gala ce soir.

– Je t'accompagne jusqu'à ta voiture.

Balint ne pouvait pas refuser. Il reprit sa marche à vive allure. Sugarman avait du mal à suivre. Avec son imper beige froissé, il faisait penser à un exhibitionniste en cavale.

– Je sais que Gloria est venue dîner chez vous. Elle a réussi à lire mes e-mails et s'est mis des tas d'idées en tête.

Balint stoppa net. Son rival pouvait très bien l'avoir suivi jusqu'ici pour l'abattre de sang-froid – il n'était peut-être pas le seul à nourrir des idées de meurtre. Il garda les mains de Sugarman dans son champ de vision.

– C'est Amanda qui te l'a dit ?

– Non. Quand l'aurais-je vue ?

– Alors, comment as-tu su…

– C'est Gloria qui me l'a dit. Enfin, qui me l'a écrit. L'e-mail le plus odieux qu'on puisse recevoir.

Balint se taisait. Il attendait la suite.

– Je ne veux pas que tu te fasses une fausse idée, continua Sugarman. Gloria a le chic pour noircir le tableau dès qu'elle en a l'occasion. Elle est persuadée que toutes les femmes à qui j'ai écrit sont mes maîtresses.

– Ça ne me regarde pas.

– Je voulais rétablir la vérité. Je ne suis pas un saint, bien sûr… « Que celui qui n'a pas fauté jette la première pierre ». Mais je ne suis pas non plus le Don Juan qu'elle s'amuse à crier sur tous les toits.

Balint se remit en marche.

– Je ne voudrais pas que ça jase, surtout pas ici, dit Sugarman. Oui, j'ai peut-être trompé Gloria une ou deux fois, on a tous mis des coups de canif dans le contrat – si tu vois ce que je veux dire.

– Pas tous, lança sèchement Balint. Mais ce sont vos affaires, à Gloria et à toi.

Sugarman ricana.

– Tu me fais rire, Balint. La moitié de l'hôpital sait pour toi et la belle brune…

– Je ne vois pas de quoi tu parles.

Il ouvrit la Mercedes, puis conclut, d'un ton glacé et monocorde :

– Si tu veux bien m'excuser, je crois que notre conversation est terminée.

– Bon sang, Balint. Pas la peine de t'énerver.

Il claqua la portière et démarra. Son collègue le regarda partir, stupéfait.

*

Jessie était la star du gala – du moins aux yeux de Balint. Elle exécuta pirouettes et pliés avec la grâce d'une professionnelle. Le spectacle eut l'effet d'un antidote parfait après les accusations de Sugarman. Ils dînèrent ensuite tous les quatre dans le restaurant préféré des filles, *Animal Palace*, où les serveurs sont déguisés en animaux sauvages. Les deux époux étaient si fiers de leur Jessie. Amanda avait dû enrager de savoir que Sugarman voyait d'autres femmes, peut-être ce dernier lui avait-il parlé de Dalila pour qu'elle retourne sa colère contre son mari – mais, au fond de lui, Balint sentait que sa femme n'était pas au courant.

Le lendemain – un samedi –, Balint ne consulta même pas sa femme sur ses projets. Il allait de soi qu'elle n'irait pas déjeuner chez ses parents. Sur le pas de la porte, il annonça qu'il serait de retour pour 17 heures, elle lui demanda de les embrasser pour elle – ni prétexte, ni excuse. Le début d'une nouvelle *normalité*, semblait-il. Finalement, il était plus facile de supporter cet arrangement que de feindre de croire à ses histoires. Seul bémol, ses parents seraient déçus de ne pas voir leurs petites-filles ; Balint devait passer prendre du ruban au cabanon après le repas, il ne pouvait évidemment pas les emmener avec lui. Officiellement, il devait faire un saut à l'hôpital – un patient gravement malade – et ce délai conviendrait parfaitement aux exigences de l'agenda de son épouse.

Ses parents l'attendaient dans leur salon encombré de babioles plus inutiles les unes que les autres. Après des décennies de voyage, les Serspinsky en avaient amassé un nombre phénoménal, rapportées des six continents ; toute une armée de figurines, de boules à neige ou de portraits miniatures qui recouvraient les étagères en bois. Sur chaque centimètre carré reposait un morceau d'améthyste, un minuscule objet en ivoire. Perdu dans ce musée du bric-à-brac, Henry Serspinsky se reposait, les yeux fermés, bras croisés, en écoutant un morceau du Tommy Dorsey Orchestra. Sa mère finissait de préparer le déjeuner dans la kitchenette. Balint était entré en utilisant sa propre clef.

– Tu es tout seul ? demanda-t-elle, manifestement déçue.

– Amanda n'y est pour rien, expliqua-t-il. Je dois passer à l'hôpital en rentrant. Une affaire urgente.

– Elle aurait pu prendre la deuxième voiture. À quoi bon en avoir deux, Jeremy, si vous ne les utilisez pas ?

– La prochaine fois, maman. Comment va ta hanche ?

– Très bien. Mais je n'ai pas le moral. J'ai soixante-douze ans et je vois mes petites-filles qu'une fois tous les trente-six du mois.

Le beau-père ouvrit les yeux.

– Lâche-le un peu, il fait de son mieux.

Henry Serspinsky se redressa et serra la main de son beau-fils.

– On a eu une dure semaine, ici, Jeremy, reprit sa mère. Le voisin, Fontanelle, est mort dans son bain. Et un couple avec lequel nous avions sympathisé a dû déménager au sein d'une autre unité, parce qu'ils ne peuvent plus se débrouiller tout seuls. Un coup dur pour nous.

Son vocabulaire n'était plus aussi riche qu'autrefois.

Elle déposa son plateau sur la table du salon. Petits pains en forme de couronne et crêpes fourrées.

– Un vrai coup dur, insista-t-elle. Et puis il y a cette histoire d'étrangleur…

Balint dut prendre un air étonné car sa mère ajouta aussitôt :

– Ne me dis pas que tu n'as pas entendu parler du cinglé qui tue les enfants et les personnes âgées !

– J'ai entendu, maman.

– C'est affreux.

Sa mère lui servit une crêpe fourrée.

– Mais nous ne restons pas les bras croisés, continua-t-elle. Nous avons formé un groupe de vigilance avec les voisins.

– Ce n'est pas excessif ? Il n'y a eu que trois meurtres, et tous loin d'ici.

– C'est facile pour toi. Si tu avais l'âge des victimes, tu réagirais autrement.

– Tu crois vraiment que c'est une histoire d'âge ? Et comment tu sais que c'est un homme ?

La mère de Balint éteignit la musique et s'assit dans le canapé à côté de son mari.

– Henry, montre-lui ton invention.

L'ancien vétérinaire chercha sous la table du salon et attrapa une large bande de cuir avec des velcros. Il se l'enroula autour du cou.

– C'est un collier de sécurité. Du cuir, renforcé par un câble, et muni de lames de rasoir. Si l'Étrangleur attaque, il se lacérera les doigts.

– Et si tout simplement il le retire ?

– Ça le retardera et ça laisse du temps pour se défendre.

– Il peut t'assommer par-derrière et là, ça lui laisse tout le temps du monde pour t'enlever le collier.

– Tout est possible. Mais c'est mieux que rien. C'est seulement un prototype. Je vais demander au conseil d'administration de nous donner les crédits pour fabriquer deux cents exemplaires.

Les précédentes inventions de Serspinsky incluaient une baignoire pliable pour les oiseaux et une machine qui prédécoupait plusieurs brins de fil dentaire simultanément. Inutile d'expliquer à son beau-père les défauts du « collier de fer », il préféra le féliciter pour son ingéniosité.

– Ceci dit, je pense que tu as plus de chances d'être frappé par la foudre ou kidnappé par des pirates que de finir étranglé par un tueur en série.

– Et depuis quand tu es expert en la matière ? demanda sa mère.

– Il est médecin, Lilly, dit le beau-père en retirant le collier. Et les médecins sont persuadés de tout savoir.

*

Balint quitta ses parents peu après 13 heures et arriva au cabanon avant 14 heures. Une mince couche de neige recouvrait le chemin. Au lieu d'investir dans une paire de bottes, il avait pris le parti d'envelopper ses chaussures dans du tissu, ce qui laissait derrière lui une traînée de grandes empreintes informes. Même si la police les remarquait, elle ne pourrait remonter jusqu'à lui.

Il récupéra suffisamment de ruban pour au moins deux meurtres supplémentaires, sans oser en prendre davantage car cela déformait déjà son portefeuille. Ce serait suffisant : la prochaine fois qu'il retournerait au lac, Sugarman serait mort. Sur le chemin du retour, il se demanda si Sugarman s'était préparé à sa fin. Avait-il écrit un testament ? Disposait-il d'une concession au cimetière ? Son abruti de fils percevrait-il les fruits d'une assurance vie ? À la mort du père de Balint – subitement, à quarante-deux ans –, il avait laissé sa femme et son fils démunis. Avant sa rencontre avec Serspinsky, la mère de Balint avait dû servir au bar d'un motel pour arrondir sa paye de maîtresse d'école. Les fins de mois étaient difficiles. Alors non, Balint n'éprouvait aucune compassion pour Davey Sugarman, ni pour Gloria, qui ne toucherait plus de pension alimentaire. La vie est injuste. Quand on épouse un moins que rien, il ne faut pas s'attendre à des miracles.

Balint aperçut la lueur des gyrophares avant même les véhicules de la police. Elles étaient six, alignées en face de chez lui comme des petites voitures d'enfant. Sur la pelouse, un inspecteur en chemise blanche parlait avec des enquêteurs en civil. Balint sentit son pouls s'accélérer. Avait-il commis une erreur ? La police aurait-elle déjà réussi à remonter jusqu'à lui ? Une voiture de pompiers était garée devant la maison des Rothschild. Une ambulance sur sa propre allée de garage, les portes qu'on ferme, la sirène qui se met à hurler. Il ne s'agissait pas d'une enquête criminelle, mais de bien pire.

Sa voiture pila, sur le point de rompre l'embrayage, et il se précipita vers les trois policiers.

– Je suis Jeremy Balint, où sont mes filles ?

L'inspecteur leva la main pour prévenir les deux enquêteurs.

– C’est bon les gars, c’est le proprio.

Il se tourna vers Balint.

– Il y a eu un accident, docteur.

– Quoi ? Je veux voir mes filles !

L’inspecteur devait avoir une petite cinquantaine. Un bonhomme tout maigre avec une grosse moustache.

– Entrons chez vous un instant, s’il vous plaît.

– Dites-moi d’abord ce qui se passe. Où sont mes enfants ?

Balint se retenait pour ne pas lui sauter à la gorge. L’ambulance sortit de l’allée en marche arrière et s’éloigna, emportant avec elle le bruit de la sirène. Ne restait qu’un silence glacial.

– Je suis leur père, j’ai le droit de savoir.

– Vos filles vont bien, Dr Balint.

Il ne le croyait pas. Heureusement, Amanda sortit à ce moment-là sur le porche, Phoebe accrochée à son épaule comme un petit koala.

– Elles vont bien, confirma-t-elle. J’ai envoyé Jessie chez Bonnie Kluger.

– Oh Dieu merci !

Il serra sa femme et sa petite fille dans les bras. Il suivit ensuite le détective à moustache dans la maison. Une demi-douzaine de flics fourrageaient dans son salon, armés de bloc-notes et de mètres à rubans. Les agents allaient et venaient entre la cuisine et le jardin.

Balint s’installa au salon avec l’inspecteur. Dans un coin de la pièce, Matilda Rothschild, la matrone du quartier, âgée d’une soixantaine d’années, tentait de consoler une Sally Goldhammer catatonique. Un son plaintif, inarticulé, sortait de sa bouche. Dès qu’il la vit, Balint comprit ce qui avait dû se passer.

– Elle est morte ? demanda-t-il à l’inspecteur.

– Noyée. Elle devait être dans l'eau depuis au moins trente minutes quand nous l'avons trouvée.

Balint était en mauvaise posture.

– Je suis en litige avec l'entrepreneur, expliqua-t-il au policier. Les ouvriers qui ont endommagé les dalles ont refusé de les réparer, et je ne pouvais pas faire venir une autre entreprise, tant que le contentieux n'était pas réglé.

Le dernier point n'était pas exactement vrai : d'autres auraient pu faire le travail mais Balint aurait dû les payer à l'avance, sans savoir s'il serait indemnisé ; il avait décidé d'attendre le jugement. Pas de chance. Ce trou était assez grand pour laisser passer les lapins, les marmottes… et les jeunes enfants.

– Vous étiez conscient du danger ?

– Je n'imaginais pas que ça puisse arriver, se défendit Balint. Notre jardin est complètement fermé, je ne comprends pas comment la petite a pu rentrer.

– Par la porte d'entrée, dit Amanda. Jessie lui a ouvert, je donnais son bain à Phoebe… Elle a dû passer par la cuisine et…

– Tu étais à la maison cet après-midi ? demanda Balint.

– Où voulais-tu que je sois ?

– Je ne sais pas, balbutia-t-il. Je pensais que tu serais sortie.

Elle l'avait pris au dépourvu. Avait-elle mis fin à sa liaison avec Sugarman ? Ou n'était-ce qu'un stratagème pour brouiller les pistes ?

– On était à la maison tranquillement, toutes les trois.

Amanda changea Phoebe de bras. Deux officiers traversèrent la maison avec des barrières métalliques.

Plus tard, Balint trouverait le portillon de la piscine fermée par du ruban jaune.

– C'est un accident, insista Balint. Notre jardin est fermé, c'est tout ce que demande la loi.

Nous avons une assurance individuelle, pensa-t-il, mais il ignorait ce qu'elle couvrait exactement – le genre de détail qu'il laissait aux soins d'Amanda.

– Vous n'allez pas nous faire porter la faute ? Sa mère aurait dû mieux surveiller sa fille, non ? Que faisait une gamine de trois ans ici toute seule ?

L'inspecteur fit la moue.

– Je ne suis pas là pour rejeter la faute sur qui que ce soit, Dr Balint. Je constate les faits, c'est mon métier.

Ce soir-là, Balint eut sa première conversation sérieuse avec ses filles sur la mort. L'an passé, le gourami[1] que Phoebe avait gagné à la kermesse de l'école était mort en trois jours ; il avait rapidement évacué le sujet, limitant la chose au triste destin des invertébrés. Au décès du père d'Amanda, les filles étaient trop jeunes. Mais la mort d'Abby Goldhammer nécessitait une réunion de famille. Ce qui frappa Balint, c'est que Phoebe et Jessie semblaient pétrifiées.

– Ce n'est la faute de personne, il faut bien vous le répéter, mes chéries. Parfois, Dieu est prêt à nous accueillir au paradis et on n'y peut rien.

Balint ne croyait pas en Dieu – il avait abandonné toute croyance en une entité supérieure bien avant d'envisager sa carrière de tueur – mais le surnaturel semblait approprié pour aborder le sujet. Lui vint

1. Poisson coloré vivant dans les eaux chaudes.

soudain une idée, un vague souvenir tiré d'un film européen :

– Vous connaissez les échecs ?

Debout derrière les filles, Amanda lui adressa un regard narquois.

– C'est comme les dames mais en plus dur, dit Phoebe.

– C'est ça. Eh bien, la vie, c'est une partie d'échecs avec Dieu. Tant que tu gagnes, Dieu te laisse ici sur terre. Quand tu perds, il te fait monter au paradis.

– Et Dieu a battu Abby ? demanda Jessie.

– C'est ça. Dieu était plus fort. Donc elle habite là-haut avec Lui.

Le silence s'imposa. Les petites digéraient l'étrange nouvelle.

– Tu veux bien m'apprendre à jouer aux échecs ? dit Phoebe.

– … C'est difficile. Peut-être quand tu seras plus grande.

– Mais, si Dieu gagne avant que j'aie appris à jouer ?

Amanda lança un regard exaspéré à son mari et prit les choses en mains.

– On ne le laissera pas faire, ma chérie. Je te promets qu'avec papa on ne le laissera pas faire. Parce que même si Dieu t'aime beaucoup et voudrait t'avoir près de Lui, nous, on t'aime encore plus.

*

Norman Navare retourna à l'hôpital ce week-end-là pour une série d'analyses ; la fraction d'éjection du ventricule gauche avait chuté à douze pour cent. Dans un monde idéal, Balint aurait attendu que l'effervescence médiatique s'essouffle un peu avant de repasser à l'acte ; mais il ne pouvait se le permettre s'il voulait sauver le père de Dalila. Une pensée étrange lui traversa l'esprit : il ne voulait surtout pas se faire prendre avant d'avoir éliminé Sugarman. Tous ses efforts auraient été un extraordinaire gâchis. Si cette pensée lui avait semblé étrange, c'est qu'en réalité il ne voulait pas se faire prendre *du tout*. Donc l'idée d'échapper à la police *avant* le meurtre de Sugarman n'avait pas de raison d'être.

La prochaine action aurait lieu à Long Island. Il dessinerait ainsi un triangle autour de New York et éviterait de concentrer l'attention sur la côte du New Jersey. Le comté de Nassau se trouvait à deux heures de route, cela lui demanderait quatre heures de voyage, plus le temps de commettre le crime. Impossible de faire ça un soir. Et même un week-end, l'absence serait compliquée à justifier auprès de sa famille. Et pour ne rien arranger, il avait *déjà* épuisé la liste des bonnes excuses pour ses rendez-vous avec Dalila – conférences, formation continue, réunions de laboratoires pharmaceutiques… Mais la chance était de son côté : Amanda lui annonça que, le week-end avant Noël, elle participerait à un tournoi de bridge dans le Maryland. Il subodorait que c'était un mensonge, qu'elle irait retrouver Sugarman à l'hôtel, et que sa présence à la maison le samedi précédent faisait sans doute partie de la manœuvre. Peu importe, il aurait le dernier mot.

Balint posa quelques questions sur le tournoi imaginaire, et lui souhaita bonne chance quand elle partit le vendredi matin. Il déposa ses filles chez leurs grands-parents pour une journée intergénérationnelle. À midi, il avait traversé le pont de Verrazano et parcourait tranquillement les petites rues de Hempstead et Wantagh. Il avait écouté la radio pendant les deux heures de trajet et entendu – amusé – que le FBI reliait l'affaire à un cas de strangulation similaire survenu à Duluth plusieurs années auparavant.

Balint se gara à l'entrée de la réserve naturelle de la côte Sud. Une seule voiture sur le parking – un vieux pick-up. Des plaques de neige parsemaient çà et là la forêt avoisinante, mais les sentiers étaient secs. Les arbres ainsi que la hauteur des murs, limitaient la visibilité. Ce petit coin de verdure semblait l'endroit idéal pour attendre la prochaine victime.

Une femme d'une cinquantaine d'années émergea du bois. Elle promenait un saint-Bernard, vêtu – le saint-Bernard – d'un manteau orange. Balint comprit qu'elle était aveugle. Bien qu'il envisageât que le chien guide puisse vouloir défendre sa maîtresse, Balint était prêt à étrangler la femme et le chien, et à mettre un ruban à chacun. Cela ne manquerait pas de dérouter le FBI.

Il sortit du véhicule, laissa sa portière entrouverte pour ne pas avoir à la claquer et ne pas effrayer sa cible. Pas à pas, il diminua la distance qui les séparait. Trente mètres. Vingt. La femme leva la tête.

– Il y a quelqu'un ?

Balint ne fit plus un bruit.

Le chien aboya ; la femme eut pourtant l'air de se détendre.

– Qu'est-ce qu'il t'arrive aujourd'hui, Excelsior ? Tu ne vas pas aboyer à chaque fois que tu vois un lapin ou un écureuil.

Il fit quelques pas de plus. Un jeune couple apparut près de la crête, ils remontaient vers le parking. Les propriétaires du pick-up ! Ils l'avaient vu. Même s'ils repartaient, Balint ne pouvait prendre le risque de tuer l'aveugle désormais. À la place, il la salua et lui demanda s'il pouvait caresser son chien.

Son arrêt à la réserve naturelle lui avait coûté plus d'une heure. Maintenant qu'on l'avait aperçu, il ne pouvait pas sévir sur la côte Sud de Long Island. Il traversa le comté jusqu'à Brockton. Les maisons y étaient plus cossues qu'à Upper Chadwick ou Cobb's Crossing mais pas au point de disposer de systèmes privés de sécurité. Hélas, le mauvais temps avait vidé les rues de ses promeneurs. Sa chance serait d'essayer d'entrer par une porte de jardin laissée ouverte, comme à Westchester, mais il peina à trouver une nouvelle cible. Il était bientôt seize heures, l'obscurité tombait peu à peu. Un homme fumait une cigarette sur le trottoir devant une église catholique. La Mercedes s'approcha : un prêtre.

Balint fit le tour du pâté de maisons et gara la voiture un peu plus loin. Il rabattit la capuche de son sweat et marcha à vive allure vers l'église. Quand il fut au coin de la rue, l'homme écrasa sa cigarette et rentra par une grande porte rouge. Si elle restait ouverte, ce serait le moment. Le temps qu'il y arrive, son cœur battait deux fois plus vite. Il jeta un œil autour de lui, personne en vue. Il posa sa main gantée sur la poignée et tira. Elle refusa de s'ouvrir. Il essaya encore, sans succès. Il devait accepter la réalité et partir. Il faisait demi-tour lorsqu'il aperçut une caméra cachée dans un buisson de persistants.

Ses efforts s'arrêteraient là. Il avait failli tout faire rater. Lorsqu'il atteignit Hager Heights pour récupérer ses filles deux heures plus tard, sa chemise était encore humide de transpiration.

8

Son face-à-face avec une caméra de surveillance avait convaincu Balint qu'il devait se montrer plus prudent. L'incident l'avait mis de mauvaise humeur. Au retour d'Amanda, il la harcela de questions sur son tournoi : comment était son partenaire de jeu ? Avait-elle eu plusieurs fois de bonnes mains ? Avait-elle rencontré des gens de Laurendale ? La bonne humeur d'Amanda fut vite consumée par l'irritabilité de Balint.

– Pourquoi tout à coup tu t'intéresses à ce que je fais ?

Il se réfugia dans son bureau et passa la soirée au téléphone avec Dalila. Amanda aurait aussi bien pu l'écouter derrière la porte mais il doutait que cela lui traverse même l'esprit. Quand le lendemain, au petit-déjeuner, sa femme annonça qu'elle participerait à un autre tournoi, le week-end entre Noël et le Nouvel An, il ne s'en trouva ni surpris ni fâché. Laissons-la profiter une dernière fois de son Sugarman.

Un tout autre sujet le contrariait. Selon ses avocats, il était peu probable qu'il soit mis en accusation dans la mort d'Abby Goldhammer. Amanda confirma que leur police d'assurance couvrirait jusqu'à deux millions de dollars de dommages et intérêts. Mais la presse locale avait rejeté la faute sur ses épaules. Une tribune du *Laurendale Leader* le surnommait « Docteur Négligent » et l'édito de *Hager Heights Beacon* exigeait un procès. Quelle ironie du sort s'il devait se retrouver derrière les barreaux pour une noyade accidentelle et rester impuni pour une série d'assassinats. Cela aurait fourni matière à une réflexion intéressante sur l'état du système judiciaire du pays. Néanmoins, il refusait de se laisser marcher dessus sans rien dire. Il ordonna à ses avocats de menacer les deux journaux de poursuites pour diffamation – même s'il n'avait aucune chance de gagner.

La colère de la population locale autour de la mort d'Abby prit une tournure plus personnelle encore. Balint ne perdit aucun de ses patients réguliers, mais environ un tiers des nouveaux rendez-vous fut annulé les semaines suivantes. C'était bien au-dessus de la norme : un homme qui ne prenait pas le temps de faire réparer son dallage de piscine pourrait se révéler tout aussi négligent pour les questions de cardiologie. Dans l'absolu, Balint n'avait pas besoin de travailler plus, il était même heureux du temps libre que cela lui offrait. Mais son ego en prit un coup. Dans les jours qui suivirent la publication de l'édito du *Beacon*, il reçut une poignée d'appels anonymes vindicatifs. La bande de copines d'Amanda fit rapidement corps autour d'elle – seule Bonnie Kluger resta du côté de Sally, mais Bonnie avait toujours joué les vilains petits canards –, les conséquences sociales de l'accident furent donc assez limitées. On entendait même dire que les Goldhammer se sentaient très isolés à Laurendale et qu'ils voulaient retourner à Brooklyn. Cet épisode lui avait tout de même laissé un goût amer.

Balint s'attendait à tout moment à recevoir une assignation à comparaître et il avait demandé à sa secrétaire de refouler les éventuels huissiers – il n'avait pas l'intention de leur faciliter la tâche. Il était donc déjà sur ses gardes quand, la veille de Noël, alors qu'il prenait un café dans le patio de l'hôpital, un homme en complet-veston s'approcha de lui. Un autre patient potentiel ne s'était pas présenté, libérant un créneau de quarante-cinq minutes avant sa réunion de midi.

L'homme avait la quarantaine, les favoris grisonnants, un sillon profond entre les deux yeux. Le torse gonflé comme un gorille en colère.

– C'est vous, Jeremy Balint ?

– Je peux vous aider ? répondit Balint sur un ton évasif.

– Je cherche Jeremy Balint.

– Et qu'est-ce que vous lui voulez, à Jeremy Balint ?

L'étranger lui balança un coup de poing dans la mâchoire. Balint bascula en arrière, sa tête heurta le carrelage. Il crut entendre des os craquer. Au-dessus de lui, son agresseur brandissait une chaise, Balint levait les mains dans un ultime effort pour se protéger le visage, quand on vint s'interposer. Dans le brouillard de la lutte, il entendit crier : « Ce monstre a tué ma fille. Ce monstre a tué mon bébé. » Et il s'évanouit.

*

Balint se réveilla six heures plus tard. On l'avait installé dans l'aile VIP, juste à côté de la chambre où il avait soigné Norman Navare. Une douleur lancinante résonnait dans son crâne mais il parvenait à bouger tous ses membres, jusqu'aux doigts de pieds. Au bout du lit, un médecin à nœud papillon lisait attentivement sa fiche médicale. Balint mit quelques secondes à reconnaître Myron Salt, le chef du service neurologique.

– Eh bien, voilà qu'on se réveille enfin, dit Salt.

– De quoi j'ai l'air ?

– Pas pire qu'avant.

Salt posa la fiche.

– Rien de cassé non plus, tu as eu beaucoup de chance. Mais on t'a donné des stéroïdes pour éviter que tu ne gonfles.

– Ça va pas me rendre un peu marteau ?

– Il vaut mieux ça que d'être mort. La prochaine fois, tu en choisiras un dans ta catégorie. Le type qui t'a tabassé était champion de boxe à l'université.

Son altercation avec Tim Goldhammer lui revint à l'esprit.

– Où est-il ? demanda Balint.

– Aucune idée. Andy Price, en hémato, l'a reconnu, ils étaient ensemble à Princeton. Ce gars avait été champion des poids moyens pendant trois ans. D'ailleurs, tu pourras payer le champagne à Andy, sans lui on serait en train d'enlever des pieds de chaise de tes orbites.

– Vous, les neurologues, vous avez l'art de dire les choses…

– En matière d'éloquence, rien de mieux que la vérité. Bon, tâche de faire une bonne nuit et on verra si on te laisse sortir demain matin.

– Tu n'es pas sérieux, là ?

– Vaut mieux ça que d'être mort, répéta-t-il.

À ce moment, Balint s'aperçut qu'on lui avait enlevé ses habits pour lui enfiler une chemise d'hôpital – il n'avait plus son portefeuille... et ses sept mètres de ruban vert ! S'ils avaient fait l'inventaire de ses affaires, il était foutu.

– Où est mon portefeuille ?

– C'est une question pour les infirmières, répondit Salt avant de lui tapoter le bras et de s'en aller.

Balint pressa le bouton d'appel.

Après quelques minutes – pendant lesquelles Balint avait appuyé à plusieurs reprises –, une Philippine corpulente et d'un certain âge entra. Elle ne faisait pas partie des infirmières qu'il côtoyait mais il l'avait déjà vue lors d'un stage de formation.

– Désolée pour l'attente, doc, j'étais en pause.

– Où sont mes affaires ?

Elle parut surprise.

– Mes papiers, mes clefs, mes vêtements...

Elle sourit.

– Je pense que votre femme les a pris. Elle reviendra dans la matinée. Vous voulez manger quelque chose ?

Il n'avait pas faim. Il imaginait Amanda en train de fouiller dans ses poches, de découvrir les petits morceaux de ruban. Elle avait peut-être déjà appelé la police, à moins qu'elle ne préfère lui en parler de vive voix. Même si elle n'avertissait personne, même s'il inventait une histoire plausible, il était exclu d'étrangler Sugarman désormais. Il croisait les doigts pour qu'Amanda n'ait rien vu. Qu'elle ne se soit pas donné la peine. Avec un peu de chance, elle en avait profité pour passer la nuit avec son amant. Il mourrait d'envie de lui téléphoner, de lui demander d'apporter son portefeuille le soir même, mais cela ne pourrait qu'attiser sa curiosité. Mieux valait attendre. Il passa la nuit la plus oppressante de toute sa vie, craignant le pire. Quand Salt lui rendit visite le lendemain matin avec son équipe d'internes, il n'avait pas fermé l'œil de la nuit.

– Alors, on est guéri ? demanda le neurologue.

– J'irai mieux dès que je serai sorti. Tu n'as pas vu ma femme ?

– Non, désolé. Mais j'ai vu l'intérieur de ta boîte crânienne. Vas-y mollo les prochains jours. Et tâche de ne pas prendre ta tête pour un punching-ball. Le Dr Balint est un excellent cardiologue mais pas le meilleur boxeur, conclut-il à l'attention des étudiants.

– Il m'a pris en traître, se défendit Balint.

– Ils disent tous ça.

Les internes écoutèrent à tour de rôle le cœur de Balint et palpèrent son crâne. Il lui fallut patienter deux heures avant l'arrivée d'Amanda. Elle était en tenue de sport et tenait sa raquette sous le bras – affichant un désintérêt manifeste pour la santé de son mari. Balint scrutait son visage : avait-elle fouillé dans le portefeuille ?

– Je ne pensais pas que tu serais réveillé. Les médecins devaient te garder endormi un jour ou deux.

Il décela une pointe de déception dans sa voix.

– Tu as mes vêtements ?

– Ils sont dans la voiture.

– Tu veux bien aller les chercher ? Je suis prêt à rentrer à la maison.

– Les médecins sont d'accord ?

Balint s'assit trop rapidement. La tête lui tourna, mais il avait moins mal que la veille.

– Je me fiche de ce que disent les médecins. *Je* suis médecin. Apporte-moi mon pantalon et foutons le camp d'ici.

Amanda roula des yeux et obtempéra. Elle revint dix minutes plus tard avec un grand sac en papier.

– Voilà, dit-elle en plongeant la main dans le sac.

Balint s'attendait à la voir dérouler un morceau de ruban vert, comme un magicien exécutant un tour particulièrement cruel. Elle lui tendit son pantalon et sa chemise.

– Ça te va, comme ça ?

De toute sa vie, Balint n'avait jamais été si heureux de retrouver son pantalon. Il s'enferma dans la salle de bains. Son portefeuille était à sa place. Personne n'avait touché au ruban. Si Amanda avait découvert son secret, elle était bonne comédienne. Il s'habilla en vitesse et entrouvrit légèrement la porte afin de l'espionner. Assise sur le lit, jambes croisées, elle inspectait ses ongles, l'air blasé. Rien qui ne fasse penser à une femme venant de découvrir que son mari est un serial killer. Mais rien n'indiquait non plus qu'elle le trompait avec un collègue, alors il était difficile d'être sûr… Il la rejoignit et se racla la gorge.

– Ils ont arrêté ce fou ? demanda-t-il.

– On ne t'a rien dit ?

– Quoi ?

– Tim Goldhammer…

– Quoi, Tim Goldhammer ? !

– Ils ont eu pitié de lui, ils l'ont relâché mais il n'est pas rentré chez lui. Il est allé jusqu'à Asbury Park et a sauté d'un pont.

– Mort ?

Amanda ne répondit pas immédiatement. Tournée vers la fenêtre, elle avait le regard dans le vide.

– Non, mais il est dans un sale état.

– Tant pis pour lui.

Amanda resta muette.

– *C'est bien fait pour lui.* Il a quand même failli me casser la mâchoire !

– Sa fille est morte. Mets-toi à sa place. S'il était arrivé quelque chose à Jessie ou Phoebe… Si quelqu'un leur avait fait du mal…

– Je ne me serais pas contenté d'un coup de poing.

Balint enfila sa ceinture et jeta la chemise d'hôpital en boule sur le lit. Devant le miroir, il inspecta son menton enflé. Il était secrètement soulagé que Goldhammer soit gravement blessé, qu'il ne représente plus une menace pour ses filles.

– Je parie que les flics qui l'ont laissé sortir vont avoir de gros problèmes. Comme quoi ça ne sert à rien d'être trop gentil.

– J'ai vraiment de la peine pour Sally, dit Amanda.

Évidemment, pensa Balint, mais pas moi. C'est la différence entre nous. Mais il dit simplement :

– Je suis sûr qu'elle ira mieux dans quelque temps.

*

Après une bonne nuit et une matinée de repos, Balint arriva au travail vers 13 heures. Il avait de la visite : Etan Steinhoff. Le rabbin faisait les cent pas, le téléphone collé à l'oreille. Balint entendait des bribes de conversation : Steinhoff essayait de monter un autre dispensaire à Camden.

– Je rendais visite à un fidèle et j'ai voulu en profiter pour vous voir. Je vous promets d'être bref, vous devez être très occupé… et j'ai un rendez-vous en ville à 15 heures, dit-il en regardant sa montre.

Balint balaya la salle d'attente du regard. Quelques patients attendaient un jeune collègue, mais personne pour lui.

– Vous avez des nouvelles du patient de 13 h 30 ? demanda-t-il à sa secrétaire.

– En retard. Embouteillages. Elle a appelé, elle arrivera vers 45.

– Parfait, nous avons quarante-cinq minutes devant nous, répondit Balint, peu ravi.

– Ça nous prendra moins de temps que cela.

Steinhoff le suivit dans son bureau. Il savait à quoi s'attendre : étant donné la mauvaise publicité autour de la mort d'Abby Goldhammer, le rabbin le relèverait de ses fonctions de directeur du dispensaire. Mais Steinhoff n'imaginait pas à quel point la nouvelle l'enchanterait.

– Je voulais vous parler du projet Cain. Comme vous le savez peut-être, nous allons ouvrir trois autres lieux, à Camden, Atlantic City et South Philadelphia.

– J'imagine que vous voulez changer de directeur, dit Balint pour faciliter la tâche à son interlocuteur.

– Ça dépendra de vous. Le conseil d'administration envisage d'employer un directeur à temps plein pour superviser les quatre dispensaires – mais c'est tout un processus. Vous pourriez être le candidat idéal. C'est même du tout cuit, si j'ose dire, si nous arrivons à vous arracher à cet hôpital !

La conversation ne prenait pas la tournure attendue.

– J'en prends bonne note. Si jamais je cherche un jour à être arraché…

– Je dois vous parler de quelque chose de plus urgent. Nos analystes ont étudié les chiffres et leur constat est que nous ne dispensons pas suffisamment de soins gratuits.

– Les gens ne sont peut-être pas assez malades.

– Je ne pense pas. Je crois que…

– Parce qu'on pourrait les rendre malades. Puis on les soignerait. Ça améliorerait vos statistiques.

– À mon avis, nous avons un problème de visibilité. En gros, la communauté ne connaît pas l'existence de nos services. Donc personne ne vient nous voir.

– Ça paraît logique, concéda Balint.

– Je suis ravi que nous ayons la même vision des choses. Si Dieu le veut, j'aimerais faire de la publicité auprès de la population visée. On pourrait envisager des spots publicitaires de soixante secondes à la radio. Peut-être même à la télévision, pendant les infos locales, si on récolte assez de fonds. Qu'en dites-vous ?

– Qui ne tente rien n'a rien.

– Formidable. Quand est-ce qu'on commence les enregistrements ? L'idéal serait la semaine prochaine.

– Attendez… C'est *moi* qui vais enregistrer ?

– *Who else* ? J'ai noté quelques idées en vrac sur un papier.

Il chercha dans son sac en tissu et tendit à Balint un dossier.

– … mais rien n'est gravé dans le marbre, n'hésitez pas à ajouter une touche personnelle.

Balint ouvrit le dossier. Les « idées en vrac » du rabbin étaient en réalité un script abouti. Les premières lignes commençaient ainsi : « Je suis le Docteur

Jeremy Balint, sauver des vies est mon métier. Mais aussi ma passion… »

Le rabbin se leva.

– Je ne vous remercierai jamais assez pour toute l'énergie que vous mettez dans ce projet. Grâce à des bénévoles comme vous, Cain existe. Allez ! Assez abusé de votre temps ! Je vous appelle demain pour décider d'un jour.

Il ne laissa pas à Balint l'occasion de refuser.

– Transmettez mes amitiés à votre adorable épouse, Dr Balint. Vous avez beaucoup de chance, permettez-moi de vous le dire.

Balint reposa le dossier sur son bureau.

– J'en remercie Dieu tous les jours.

– Voilà qui est bien parlé, dit-il en serrant la main de Balint. Si vous abandonniez la médecine, vous pourriez faire un excellent rabbin. C'est un compliment que je réserve à très peu de gens.

*

La vision de la caméra de sécurité restait gravée dans sa mémoire. Il avait été inconscient de rôder dans les rues en quête d'une proie. Par trois fois, il avait eu de la chance – Cobb's Crossing, Kenny McCord et finalement devant l'église – mais seul un fou pouvait continuer sur cette voie. Il ne choisirait plus ses victimes au dernier moment, il ciblerait ses proies avant de les approcher. Il pensa tout d'abord se servir du nouveau logiciel d'enregistrement de l'hôpital, pour trouver le patient parfait dans les cliniques associées à l'hôpital de Laurendale. Il lui suffirait d'utiliser le compte d'un autre membre du personnel – quelqu'un qui aurait oublié de fermer sa session – et de retenir les candidats les plus vulnérables, qui vivaient seuls. Mais il y avait un problème. Une fois morte, la victime serait transportée dans un des hôpitaux affiliés, on remarquerait les connexions non autorisées sur son dossier médical. La sécurité interne suspecterait sans doute un petit curieux ou un personnel d'entretien malintentionné, pas l'assassin. Cependant, on pourrait remarquer les traces de ses recherches et le suspecter. C'était peu probable mais pas impossible.

Il décida donc de se rabattre sur les rubriques nécrologiques. Un jour, à la fin d'une émission radio, il avait entendu une femme « d'un certain âge » expliquer qu'elle dénichait ses petits amis en lisant la rubrique nécrologique à la recherche de veufs. Pourquoi ne pas utiliser le même moyen pour trouver sa prochaine victime ? Il courrait cependant un risque : les ordinateurs de la bibliothèque de Pontefract garderaient en mémoire les journaux du comté de Nassau consultés. Mais le danger était quasi nul. Le seul vrai risque était que Bonnie Kluger pourrait l'apercevoir une nouvelle fois – et ensuite ? Beaucoup de gens se rendent à la bibliothèque chaque jour, et peu sont des tueurs en série.

Il prit mille précautions. Il visait une veuve, plus de soixante ans, dont l'annonce ne signalait aucun autre survivant. Il était primordial qu'elle habite une maison individuelle – les immeubles ont leur lot de voisins indiscrets, de concierges et de caméras cachées. À sa grande déception, peu de candidats répondaient à ces critères. Il finit par comprendre : il fallait un être humain bien vivant pour écrire au journal et payer la rubrique nécrologique. Si vous mouriez avec des descendants, et tout particulièrement des enfants adultes, cela augmentait le nombre de chances que l'un d'entre eux s'y colle. Les veuves solitaires, elles, préféraient s'éviter l'effort et la dépense. Les jours passèrent sans que ne surgisse *la* victime idéale ; la vie continuait autour de lui à Laurendale.

Amanda participa à son « tournoi de bridge » à Philadelphie et eut l'audace de lui téléphoner pour lui dire qu'elle allait en finale et resterait un jour de plus. Le jour de l'an, il emmena les filles à la patinoire de Musselburgh, laissant ainsi quartier libre à sa femme une après-midi de plus. Cependant, il ne voulait pas qu'elle prenne un peu trop goût au vice. Il ne devait pas perdre de vue son objectif. Enfin, la première semaine de janvier, une petite annonce dans le *Queensferry Sentinel* répondit à toutes ses attentes.

On y apprenait la mort de Stavros Constantinou, quatre-vingt-un ans, agent d'entretien, vétéran de la guerre de Corée, décédé d'un cancer du poumon. Il laissait une femme de cinquante-huit ans, Sofia – et personne d'autre. Balint rechercha leur adresse sur Internet et un visuel de la rue. Jackpot ! La femme habitait une maison individuelle au bout d'une rue sinueuse. Balint n'aurait pu rêver mieux, comme si Sofia Constantinou avait été mise au monde dans le seul but de servir sa vengeance contre Sugarman.

*

Balint était en plein repérage quand la police annonça qu'ils tenaient un suspect dans l'affaire de l'Étrangleur à l'Émeraude. Depuis des semaines, la pression se faisait de plus en plus forte pour que les autorités résolvent l'enquête. L'inspecteur Putnam était très populaire. Sa candeur et la régularité de ses interventions radio laissaient croire que ses agents retournaient chaque pierre du comté à la recherche du coupable. Les paris étaient lancés, et s'il parvenait à mener à bien une arrestation, il deviendrait même un candidat de choix pour les élections au Congrès quelques semaines plus tard – même si personne ne savait très bien à quel parti il appartenait. Si le public adorait le bonhomme, l'enquête piétinait et la frustration grandissait. C'est pourquoi, dès qu'on évoqua l'identification d'un suspect, l'affaire reprit sa place en première page des journaux.

La police n'en révéla pas davantage. Balint avait craint d'être, *lui*, ce mystérieux coupable. Jusqu'à ce que l'on apprenne que le suspect avait été interrogé par la police de New York. Deux jours plus tard, le *New York Post* annonça qu'il s'agissait d'un homme à tout faire de Brooklyn, repéré lors d'un contrôle de routine : une bobine de ruban vert était rangée dans sa boîte à gants. En fouillant son appartement, on mit la main sur des coupures de presse concernant les meurtres de Rockingham et McCord, une collection d'équipements militaires factices, un faux badge de la police de New York et des armes semi-automatiques. Son ordinateur avait également servi à des recherches sur les précédentes victimes et sur les méthodes de strangulation. L'individu, dont la presse ne dévoila pas l'identité, avait le profil de l'homme blanc solitaire, haineux, qui coïncidait parfaitement avec les prévisions des experts en psychologie. Deux jours après l'interrogatoire, le ministre de la Justice le mit en examen pour recel d'armes et le plaça entre les mains des policiers en tant que « témoin capital » dans l'enquête Rockingham.

Pour Balint, la nouvelle ne pouvait tomber plus mal. Si la police avait appréhendé le suspect *après* le meurtre de Sugarman, cela lui aurait donné le meilleur des prétextes pour mettre fin à sa virée meurtrière et remiser ses gants au fond d'un placard. Mais maintenant, la prison fournissait un alibi en or au suspect si Balint tuait Sugarman... Bien sûr, il n'avait pas réfléchi à ce qu'il ferait, une fois Sugarman mort, si on arrêtait un innocent. Laisserait-il un honnête homme encourir la prison – ou la peine capitale – afin de pouvoir dormir sur ses deux oreilles ? Sans doute, oui. Cela pouvait paraître encore plus cruel que de tuer des étrangers mais c'était un autre « mal nécessaire ». Il pourrait éventuellement envoyer un message anonyme aux autorités pour disculper l'accusé – en fournissant un détail que seul le vrai meurtrier pouvait connaître. Mais il serait difficile de justifier un risque aussi inutile qu'arrogant.

Le dilemme fut vite écarté : la mise en accusation du suspect de Brooklyn s'effondra. Il avait passé le mois de décembre interné à l'unité psychiatrique de Bellevue, il était donc disculpé pour l'assassinat de Kenny McCord. On imagina ensuite qu'il aurait voulu copier le tueur en série mais cette piste fut également abandonnée. Selon le *Post*, l'intention de l'homme en question était de reconstituer les crimes de l'Étrangleur à l'Émeraude dans l'espoir de résoudre l'enquête. Effectivement, on découvrit une liste de potentiels « suspects » dans ses affaires. Il y citait notamment le « vrai Tueur du Zodiac » et « Satan ».

*

Balint attendit un moment avant de rendre visite à Sofia Constantinou. Elle pourrait avoir des amis ou des voisins bienveillants auprès d'elle dans les premiers jours suivant l'enterrement. Balint leur laissa le temps d'accomplir leur bonne action et de retourner à leur train-train quotidien. Il eut la chance qu'Amanda – sans doute encouragée par l'indifférence de son mari – s'inscrive à d'autres « tournois » courant janvier.

– J'aimerais bien t'accompagner un jour, suggéra-t-il.

– Excellente idée, répondit-elle avec naturel. Pas cette fois-ci, nous n'avons personne pour garder les filles. Peut-être cet été, quand elles seront en colo.

– Si tu joues toujours au bridge cet été.

– Crois-tu vraiment que j'abandonnerai le bridge aussi facilement ? répondit-elle, un éclair de haine illuminant brièvement son visage.

Balint imagina un instant que sa femme savait à quoi il faisait référence, qu'ils parlaient tous les deux le même double langage – et aussi longtemps que personne ne le reconnaissait, leur mariage était sauf.

– Je ne sais pas, répondit-il. Ça fait longtemps que j'ai arrêté d'imaginer à quoi tu pouvais bien jouer.

La discussion s'arrêta là. Deux semaines plus tard, Balint déposait les filles chez leurs grands-parents, embrassait leurs chères têtes blondes, promettait un chocolat chaud avant d'aller au lit et partait pour deux heures et demie de route jusqu'au village ouvrier de Queensferry, New York. Il s'arrêta en chemin et camoufla ses plaques d'immatriculation.

Le village côtier du XIXe siècle avait autrefois abrité un port baleinier, dernière escale pour les navires qui venaient de Nantucket et New Bedford avant de partir pour le Pacifique Sud. Après la Seconde Guerre mondiale, le village avait principalement abrité des enseignants et des pompiers de New York. Leurs logements modestes, à un étage, avaient poussé comme des champignons sur les terres autour du village. Parmi eux, la jolie maisonnette de Sofia Constantinou sur Crescent Court, à l'ombre de deux grands épicéas. Balint se gara peu après 13 heures, les arbres jetaient déjà leur ombre sur le toit recouvert de bardeaux bitumeux.

Il scruta les alentours. Pas âme qui vive. La maison voisine était à peine visible derrière la courbe que faisait la rue. Il enfila ses gants en cuir – ceux en latex risquaient d'alerter sa proie. Il marcha d'un bon pas sur le chemin de briques et sonna à la porte.

Trente secondes s'écoulèrent. Une minute. Balint crut percevoir des mouvements derrière un rideau. On ouvrit enfin, une voix grave se fit entendre derrière la chaînette qui bloquait la porte.

– Oui ?

– Je cherche Sofia Constantinou, la femme du défunt Stavros Constantinou. Je suis le Dr Balint, je travaille pour l'Association des Travailleurs Sociaux de la ville de New York.

– Vous avez vos papiers ?

Balint sortit sa carte de médecin de l'hôpital et la glissa dans l'entrebâillement de la porte. La femme parut satisfaite. Elle referma et fit glisser la chaînette.

Madame Constantinou était une femme grande et costaude, aux traits masculins, le visage figé et déplaisant. Elle portait un peignoir en éponge.

– Que puis-je faire pour vous, Dr Balint ?

Elle restait dans l'embrasure de la porte, les poings sur les hanches.

– Eh bien, je travaille pour l'Association des Travailleurs. Votre mari avait souscrit une assurance vie chez nous, et je viens régler les détails de succession. Vous me permettez d'entrer un instant ?

Madame Constantinou le dévisagea de la tête aux pieds, conclut qu'il ne représentait aucune menace et l'invita à entrer. Il la suivit dans le vestibule puis ils traversèrent un couloir avant d'arriver dans un petit salon peu éclairé. Balint sentait son cœur battre à tout rompre et, en même temps, profitait de l'excitation qu'il y avait à jouer la comédie.

Alors qu'il suivait la veuve dans son couloir, il aurait facilement pu l'étrangler. C'est ce qu'un novice aurait fait – à ses risques et périls. Mais Balint se retint car il n'était pas encore sûr qu'elle soit seule.

Elle lui fit signe de s'asseoir sur un canapé recouvert de plastique. Elle-même s'enfonça dans le fauteuil en face. Il faisait trop chaud, une odeur de pot-pourri à la lavande envahissait la pièce.

– Je suis désolée, je n'ai rien à vous offrir. Je voulais faire des courses cette semaine… mais…

– Je comprends, ne vous inquiétez pas. Il n'y a personne pour vous aider un peu ?

– Je m'en sors très bien, dit-elle en se raidissant. Parlez-moi de cette assurance.

Balint sortit une tablette de sa poche et pianota quelques chiffres comme s'il consultait le compte de Constantinou.

– Les employés de la ville de New York ont la possibilité de souscrire à une assurance vie, expliqua-t-il en composant un nombre sur son écran. J'ai le plaisir de vous annoncer que, grâce à votre époux, vous allez toucher la somme de 88 471,15 dollars.

– Où est le piège ?

– Il n'y en a pas, madame Constantinou. J'aurai simplement besoin du certificat de décès de votre époux et vous recevrez votre chèque d'ici trente jours.

Son visage se détendit :

– Sammy était un homme formidable, Dr Balint. Il avait promis de toujours prendre soin de moi et, même aujourd'hui…

Balint estima que la mort de Sofia Constantinou, même si elle apparaissait moins clairement que celle de Kenny McCord comme un service rendu à la société, présentait néanmoins quelques points positifs. La veuve avait apparemment bien vécu. En lui promettant une jolie somme, il lui permettait de mourir heureuse – et non seule et sénile en maison de retraite.

– Vous voulez bien m'apporter le certificat de décès, s'il vous plaît ?

– Il est certainement avec tous ces papiers, dit-elle en se levant.

Elle se dirigea vers la télévision et saisit une boîte à chaussures posée sur l'étagère en dessous. Elle en feuilleta le contenu.

– Là, ce sont les papiers de naturalisation de Sammy, sa carte de Sécurité sociale, ses factures d'hôpital…

Balint se leva du canapé et fit trois grandes enjambées.

– Je sais qu'on m'a donné ce papier. Mais, je ne sais plus ce que j'en ai fait…

Les mains gantées de Balint se resserrèrent autour de son cou. Elle leva les bras comme pour l'empêcher de l'étrangler mais elle visait en réalité un bouton d'alarme placé sur sa poitrine. Il parvint à bloquer ses mains au dernier instant mais cela voulait dire lâcher prise.

Elle cria et enfonça ses ongles dans la joue de Balint. Sans réfléchir, il cogna de toutes ses forces sa tête contre le manteau de la cheminée. Le coup s'avéra suffisamment fort pour lui faire perdre connaissance.

Des gouttes de sang perlaient sur la joue de Balint, chaud et désagréable. Il décida de finir le boulot rapidement et serra de toutes ses forces jusqu'à ce que le pouls s'arrête. Il traîna le cadavre dans la cuisine et récura les ongles de la main droite une vingtaine de minutes, en espérant que l'eau bouillante enlèverait toute trace de son ADN.

Enfin, il sortit le ruban de sa poche et coupa cinq morceaux identiques. Quatre meurtres, cinq rubans. La police s'arracherait quelques cheveux.

*

Les lacérations sur sa joue étaient trop profondes pour passer pour un malencontreux coup de rasoir. Sur le trajet du retour, il avait réussi à arrêter le sang mais son bandage lui couvrait la moitié du visage. Il envisagea d'incriminer l'un des nombreux chats de Bonnie Kluger, d'en capturer un dans son jardin et d'aller se plaindre directement auprès d'elle. Mais l'idée de faire face à l'ancienne amie de sa femme, cette vieille chouette aux yeux perçants, lui fichait la trouille. Il préféra raconter qu'un raton laveur sauvage lui avait sauté dessus au moment où il sortait les poubelles. Quand il récupéra les filles ce soir-là, et que sa mère le cuisina sur sa blessure, il décrivit avec moult détails la façon dont il avait surpris l'animal en plein déjeuner et comment il avait brusquement disparu dans la grille d'égouts. Plus tard dans la soirée, quand il raconta l'événement à Amanda, il ajouta qu'on lui avait fait un rappel antirabique aux urgences de Laurendale.

Personne ne douta de son récit. Cela confirma ce qu'il savait déjà : les gros mensonges sont plus faciles à faire passer que les petits. Il répéta encore son histoire de vaccin à l'hôpital. Qui pourrait en douter ? Si quelqu'un essayait de fouiner dans son dossier médical, une enquête serait aussitôt lancée pour démasquer le curieux qui osait commettre cette incivilité.

La seule personne un peu dubitative fut Dalila. Ils sortaient dîner ce dimanche-là, il avait laissé les filles à Amanda. Grâce à ses longs week-ends de bridge, elle pouvait difficilement trouver à redire s'il devait rendre visite à un patient à l'hôpital. Ils dînèrent au kebab de Pontefract Beach.

– Tu es sûr que c'est un raton laveur ? Je comprendrais mieux si tu me parlais franchement…

Balint fut déstabilisé.

– J'en suis sûr. À quoi tu penses ?

Dalila lui prit la main.

– Tu t'es peut-être disputé avec quelqu'un… une autre femme…

Que savait-elle exactement ? Prêchait-elle le faux pour savoir le vrai ?

– Moi, avec une autre femme, alors que je suis amoureux de la plus belle femme du monde ?

– Certains hommes aiment le changement.

– Tu es la seule personne dont j'ai envie, plaida Balint.

Il paya l'addition et ils flânèrent sous le clair de lune jusqu'à la voiture. L'air n'était pas si froid pour un mois de janvier, mais on sentait que la neige n'était pas loin. Il aimait sentir la main de Dalila dans la poche de son manteau.

– J'aimerais qu'on ait une conversation sérieuse, dit-elle.

Balint retint sa respiration.

– Bien sûr.

– Je ne veux pas te mettre la pression mais ça fait des semaines que tu n'as plus parlé de mon père. Il va avoir un cœur ? Dis-moi la vérité.

Ce n'était que ça.

– Je te le promets. On a rencontré quelques embûches avant de pouvoir le mettre sur liste d'attente. Maintenant, il faut juste être patient et attendre un don. Ça peut arriver d'un jour à l'autre. Je te l'ai promis. Je le ferai. Ce n'est plus qu'une question de temps.

– Tu as l'air si sûr de toi.

– C'est le cas. En ce qui me concerne, ton père est capable de vivre encore trente ans.

9

Norman Navare devait mourir deux jours plus tard.

Dalila appela Balint pendant sa réunion mensuelle avec le directeur Sanditz – il s'excusa en prétextant la mort d'un proche. Il se précipita aux urgences, persuadé du pire. Il redoutait que sa maîtresse lui fasse une scène terrible, même si Dalila n'était pas du genre à créer un scandale en public. Mais « l'urgence médicale » de Dalila se révéla moins alarmante que prévu – en tout cas à ses yeux. Navare était certes mal en point mais ça n'avait rien à voir avec son cœur : notre peintre en bâtiment était tombé d'un escabeau.

– Je l'ai trouvé en rentrant de mon service, dit Dalila, avec un calme surprenant. Il voulait changer une ampoule dans l'entrée, il a dû perdre l'équilibre.

Chacun d'un côté de la civière, les amants attendaient un lit en soins intensifs. Le vieil homme était relié à des machines par des fils et des tubes qui dépassaient de tous côtés. Balint parcourut la fiche médicale : hémorragie cérébrale majeure, mais le reste des analyses était correct. Il pouvait encore s'en sortir. Quoique, selon Balint, la mort serait préférable, et lui épargnerait des mois de convalescence. Et les dégâts cérébraux n'étaient pas à exclure. Ce qui l'arrangeait à titre personnel : il n'aurait plus besoin de lui fournir un cœur.

Dalila partageait visiblement ses réflexions – ou presque.

– Est-ce que papa restera sur liste d'attente ?

– On va se concentrer sur une chose à la fois. Quand il sera remis, on fera le point.

Dalila posa la main sur le front de son père.

– Je lui avais dit de ne pas monter sur cet escabeau. J'ai dû lui dire cent fois… On a un jeune voisin qui était d'accord pour nous aider mais papa avait trop honte de lui demander.

Balint se rappela combien la mort de son propre père l'avait secoué. Le proviseur adjoint l'avait fait sortir du cours de chimie sans aucune explication et sa tante Clara l'avait accompagné à l'hôpital. Il revoyait son père allongé sur ce brancard, un drap remonté jusque sous son cou. Sans vie. Statue de cire. Jusqu'à ce jour, et même s'il n'avait jamais vraiment réfléchi au sujet, il croyait que la vie était juste par essence. Qu'il suffisait de travailler dur, de prendre soin de soi et de sa famille pour que Dieu vous sourie et vous laisse remporter la grande partie d'échec. À cette époque, il croyait en Dieu – un Dieu bienveillant et charitable, qui intervenait toujours pour le meilleur. Il finit par admettre que Dieu n'aidait que ceux qui s'aidaient eux-mêmes. Au lycée, il portait un tee-shirt avec l'inscription : « Rendez grâce à Dieu et préparez vos munitions. » Puis Dieu disparut totalement de l'équation, ne restait plus que les cartouches. Il n'en avait jamais parlé à personne – ni à Dalila, encore moins à Amanda, ni même au thérapeute qu'il avait consulté après le décès de son père. C'était le genre de secret qui, divulgué, pourrait dévoiler sa personnalité au monde.

– Tu pleures ? Oh Jeremy…

Elle contourna la civière pour le serrer dans ses bras.

– Je suis désolé. Je ne sais pas ce qui m'arrive.

Quelle absurdité de penser qu'il pleurait pour son père à elle. Absurde mais pratique.

– On va y arriver, ensemble, dit Dalila.

L'interne de service leur conseilla d'aller boire un café en attendant une chambre – cela pourrait prendre encore quelques heures. Pour avoir une place en soins intensifs, il fallait qu'un patient libère un lit – ou qu'il meure. Même le chef du service de cardiologie n'y pouvait rien.

Balint annula tous ses rendez-vous de l'après-midi. Ses collègues pouvaient le surprendre en compagnie de Dalila – mais quel mal y avait-il à consoler la fille d'un patient ? Les quelques visages familiers qu'il croisa à la cafétéria – Myron Salt, le rhumato Sid Crandall – le saluèrent de loin.

Tout en mangeant, Dalila lui racontait l'enfance de Norman Navare au Venezuela et sa participation au coup d'État de 1945. À leur retour aux urgences, l'interne les informa que l'électroencéphalogramme était plat et leur demanda s'il devait faire venir le prêtre.

– Il est en état de mort cérébrale, expliqua-t-il à Dalila. Je suis désolé.

– Mais son cœur continue à battre…

– Grâce aux machines. Dès qu'on les arrêtera, le cœur et les poumons cesseront de fonctionner.

Dalila resta muette plusieurs minutes. Elle se leva brusquement et alla parler avec le médecin.

À 14 h 14, les infirmières le débranchèrent.

*

Les obsèques eurent lieu le jeudi suivant. En sortant du bureau, Balint tomba sur Warren Sugarman. Bien qu'il n'eût aucun moyen de le prouver, ses tripes lui disaient que ce n'était pas une coïncidence, que son rival le guettait. Il était seul, sans sa cour de stagiaires obséquieux en blouses immaculées.

– Je suis pressé, lâcha Balint en se dirigeant vers les ascenseurs. Je vais à un enterrement.

– Je descends moi aussi.

– C'est le patient auquel tu ne voulais pas donner de cœur.

Balint ne jugea pas nécessaire de lui dire que Navare était tombé sur la tête.

– Je suis sincèrement désolé.

Ils montèrent dans l'ascenseur déjà bien chargé. Une fois dans le hall, Sugarman reprit la conversation.

– Je ne savais pas que tu allais aux enterrements de tes patients. C'est très généreux de ta part.

Se moquait-il ? Sugarman ne se rappelait probablement même pas du père de Dalila, ni du moment où Balint avait prétendu être un ami de la famille. Il ne faisait de toute évidence pas le rapprochement entre ce patient et la maîtresse de Balint.

– Je dois être au cimetière dans vingt minutes, mentit ce dernier, en accélérant le pas.

Il tombait une neige légère, qui couvrait les statues des grands noms de la médecine de petits flocons brillants.

– De quoi voulais-tu me parler ?

– Je suis tombé sur ta femme, l'autre jour.

Balint continua à marcher. D'une main, il protégeait ses yeux de la neige.

– Le père de Gloria s'est fait opérer du dos, c'est moi qui suis allé chercher Davey à l'école.

Ils étaient arrivés à la voiture de Balint. Il se fichait des explications de Sugarman – du moment qu'il n'avait pas à les entendre.

– Tu es tombé sur Amanda…

– Elle m'a dit que tes filles adoraient le patin à glace. Je me suis dit qu'on pourrait tous aller patiner un jour – ça permettrait à mon gamin de passer un peu de temps avec tes filles. Ça ne va pas très fort pour lui depuis qu'on s'est séparés. Ça lui ferait du bien.

La dernière chose dont il avait envie, c'était bien de passer toute une journée sur la glace avec Sugarman et son crétin de fils… Il réalisa que ce serait peut-être la dernière fois qu'il le verrait vivant – ou la dernière fois avant la *vraie* dernière fois. D'un autre côté, il pouvait toujours accepter sa proposition – et tuer ce con avant.

– Je te laisse voir ça avec Amanda, suggéra Balint.

– Très bien, si ça te va.

– Pourquoi ça me dérangerait ?

Ils se faisaient face, chacun d'un côté de la Mercedes. Sugarman, silencieux, arborait un grand sourire niais, mais semblait à court de mots. Au loin, une sirène de voiture retentit. Comment Balint avait-il pu prendre ce bovin sans cervelle pour ami ?

– Ok, je vais appeler Amanda, répondit enfin Sugarman. Désolé pour ton patient. On devrait tous faire comme toi, aller aux enterrements quand on peut… Ta grandeur d'âme est inégalable, mon cher Balint. Je suis obligé de l'admettre.

Si seulement tu savais… pensa Balint. Si seulement.

*

Les funérailles furent modestes. Une messe à l'église Saint Rahab de Hollowell, suivie d'une rapide mise en terre. Puis un dîner simple dans un petit restaurant.

Parmi les personnes présentes, des cousins du défunt, des peintres en bâtiment qui travaillaient avec lui, et une poignée d'élèves infirmières de l'école de Dalila. Elle resta accrochée au bras de Balint toute l'après-midi et le présenta comme son petit ami. Heureusement, il ne reconnut aucune des infirmières. Le moment le plus embarrassant fut quand il refusa la communion pendant la messe. Il déclina et laissa passer sa maîtresse. Ça ne l'aurait pas gêné plus que ça de manger un biscuit et boire une gorgée de vin mais si Dalila venait à apprendre un jour la vérité – du moins pour sa religion –, elle aurait du mal à lui pardonner ce geste. Il était décidément d'une prévoyance admirable.

Il ne prêta aucune attention à la cérémonie, obnubilé par le sort de madame Constantinou, dont personne n'avait encore trouvé le corps. C'était l'inconvénient avec les victimes à la vie sociale limitée, il pouvait se passer plusieurs semaines avant qu'on ne signale leur disparition. Balint avait envisagé de donner un coup de pouce à la police, en appelant le 911 pour leur suggérer d'aller jeter un œil chez elle par exemple, mais ça aurait été de la folie. Mieux valait faire preuve de patience.

Il raccompagnait Dalila en voiture quand la nouvelle éclata. Comme ils étaient pris dans les bouchons et qu'Amanda l'attendait pour dîner, il avait allumé la radio et mis les infos sur le trafic. Au lieu de quoi, ils tombèrent sur le flash d'informations. L'Étrangleur à l'Émeraude avait encore frappé. Cette fois-ci, Balint connaissait l'identité de la victime *avant* que les médias ne lui apprennent. Son corps en décomposition avait été découvert par le facteur, qui s'était inquiété de voir la maison sans vie depuis plusieurs jours.

Balint coupa la radio, même s'il mourait d'envie d'en savoir plus.

– On peut toujours compter sur la Poste.

– Tu ne voulais pas écouter les infos sur la circulation ? demanda Dalila.

– Je rallumerai dans quelques minutes. Je n'aime pas ces histoires de tueurs en série. Ça me rend malade.

– Comment peut-on faire ça ?

– Tuer des gens ? Ce type est complètement cinglé.

– Mais pourquoi ? Tu crois qu'il a eu une enfance malheureuse ? Ou qu'il est né comme ça ?

Balint n'avait pas la réponse.

– Peut-être un peu des deux. On porte le mal au fond de soi et puis, un jour, tout bascule.

– Parfois, je me dis qu'on est tous capable du pire. Ça a l'air complètement fou mais si on est désespéré ou traumatisé par un événement, on peut perdre la tête. Je ne cherche pas d'excuse à ces assassins, c'est trop abject. Mais la Bible nous apprend que l'on est tous capable du meilleur ; je crois aussi qu'on est tous capable du pire.

– Tu as peut-être raison, répondit Balint. Mais j'espère que non.

Quelques minutes plus tard, la circulation devint plus fluide et il raccompagna rapidement Dalila chez elle – il rentrerait à l'heure chez lui. Il l'embrassa devant la porte d'entrée. Il aurait aimé rester avec elle mais il était malheureusement de garde ce soir-là. Dalila comprit, comme toujours. Elle ne fit pas non plus de commentaires sur la communion.

*

À son arrivée, le dîner était prêt. Macaroni pour Phoebe, hot-dog pour Jessie, steak d'espadon pour les adultes. Quoi que Balint ait à dire sur la fidélité chancelante de son épouse, Amanda était la plus parfaite des femmes d'intérieur, alors même qu'elle travaillait 36 heures par semaine à la bibliothèque.

En comparaison, Dalila semblait, depuis le décès de son père, totalement dépassée par les formalités à accomplir : mettre la main sur le testament, payer le cercueil, commander un corbillard. Balint ne l'imaginait pas élever des enfants, encore moins avec un job d'infirmière à côté. Mais, contrairement à Amanda, elle lui était totalement dévouée.

Balint aurait aimé parler de la proposition de Sugarman pendant le dîner mais il n'osa pas prononcer le mot « patin à glace » devant ses filles. Elles auraient sauté au plafond comme d'autres enfants entendant « chaton » ou « poney ». Après le repas, il reçut un appel du dispensaire. Le collègue qui devait assurer le service s'était pointé complètement ivre et il était presque onze heures quand Balint réussit à obtenir un remplaçant. Et sa femme dormait profondément.

Le soir suivant, Balint se retrouva enfin seul avec Amanda. La journée avait été mémorable : l'inspecteur Putnam avait mordu à l'hameçon, il était persuadé qu'il lui restait un cadavre à découvrir en plus des quatre existants. Pour les conférences de presse, il était maintenant secondé par l'inspectrice Mazzotta, une brune imposante à la tête de la brigade des homicides de Queensberry. Mazzotta, la quarantaine, assez mignonne, avait l'air plus carrée que Putnam-le-décontracté. À eux deux, ils devaient former le « groupe d'intervention spécial pour les meurtres en série » – ou plus modestement le « groupe d'intervention » – dans le but de coordonner les ressources entre leurs deux juridictions. Au beau milieu de la conférence, Mazzotta avait cité un poème de Henry Longfellow[1] :

Les moulins de Dieu broient lentement,
Mais ils broient finement ;
Le Maître attend avec une infinie patience
Que chaque grain soit concassé.

– Nous l'avions appris au lycée, expliqua l'inspectrice. À l'époque, je n'avais pas compris le sens, aujourd'hui, si. Ça nous prendra sans doute plus de temps que nous aurions aimé pour résoudre cette enquête mais, je vous le promets, nous y parviendrons.

1. Poète américain du XIXe siècle dont les poèmes sont encore célèbres aujourd'hui aux États-Unis.

Je vous demande à tous patience et compréhension dans les jours à venir.

Une seule strophe et l'inspectrice Mazzotta était devenue une star.

Balint avait écouté la radio entre chaque patient toute l'après-midi. Maintenant qu'ils avaient retrouvé le corps de Sofia Constantinou, plus rien ne l'empêchait d'éliminer son pire ennemi.

Balint entra dans la salle de bains tandis qu'Amanda se brossait les dents, et s'assit sur le couvercle des toilettes. Elle avait fait peindre la pièce en jaune vif. L'étagère était pleine de tubes et de pots aux couleurs assorties – il détestait cette déco.

– J'ai rencontré Warren Sugarman, dit-il.

Amanda cracha dans le lavabo. Elle ouvrit de grands yeux.

– C'est quoi cette histoire de patinage avec son gosse ? demanda-t-il.

Elle se rinça la bouche et ferma le robinet.

– C'était mon idée. Son fils, Davey, a du mal en ce moment. Il n'a pas d'amis… C'est vrai qu'il n'a rien de très exaltant, le pauvre, tu l'as vu. Les autres enfants ne l'aiment pas.

– Et tu crois que Jessie et Phoebe vont l'aimer, elles ?

– Sans doute que non mais elles adorent patiner. Je me suis dit que ça ferait du bien à Davey de passer une après-midi avec les filles.

– Parce qu'à elles, ça leur fera du bien ?

Amanda se tartina le visage d'une pâte verte au concombre « rajeunissant ».

– Je me rappelle ce que ça fait de ne pas avoir d'amis, Jeremy. Pour tout te dire, on se sent misérable.

Et puis, ça ne va pas tuer Jessie de jouer avec un de ses copains de classe pendant une après-midi.

Enfant, Balint était très apprécié de ses camarades. Ça avait été son seul réconfort, surtout après la mort de son père. Cela le contrariait d'apprendre que sa femme avait été une pauvre petite chose solitaire, comme le fils Sugarman.

– Je suis désolé que tu aies souffert, mais ce n'est pas une raison pour transformer nos filles en cobayes. Ce n'est pas ma faute si Davey Sugarman est un petit gros boutonneux – d'ailleurs c'était pas la mienne non plus si Abby Goldhammer ne savait pas nager. J'élève mes enfants, Amanda, je ne fais pas la charité pour les délinquants rebelles.

Amanda s'était retournée d'un coup.

– Comment peux-tu dire ça ?

– Quoi ?

– Tu dérailles, Jeremy. Il n'a que huit ans, bon sang. Tu sais ce que c'est, la compassion ?

– Pas au détriment de mes filles. Que crois-tu que les autres vont leur dire s'ils apprennent qu'elles ont traîné avec ce gosse ?

– Elles sauront ce qu'est l'empathie, c'est aussi important.

– Et comment tu comptes leur annoncer ? insista Balint. Elles ne sont pas débiles. Tu vas leur dire qu'elles doivent jouer avec Davey Sugarman parce que c'est un pauvre type, qu'il est laid et que c'est bien de montrer de la compassion envers les loosers ?

Amanda claqua la porte du placard à pharmacie. Le miroir trembla – Balint crut qu'il allait voler en éclats.

– J'irai faire du patin à glace avec Warren et son fils, dit-elle d'un ton ferme. Et je prendrai *tes* filles avec moi. Tu peux décider de venir ou de rester… À moins que la fréquentation d'un gamin mal-aimé de huit ans ne compromette ta superbe réputation !

Elle sortit de la salle de bains comme une furie. Claqua la porte pour renforcer son effet. Balint lui laissa le temps de se glisser sous les couvertures, puis traversa la chambre dans le noir, sur la pointe des pieds. Il resta éveillé jusque tard dans la nuit, à écouter les auditeurs d'une émission radio qui intervenaient en direct pour discuter de l'Étrangleur à l'Émeraude avec deux experts en criminologie. Pour la première fois depuis six ans – quand il avait souffert de fortes démangeaisons à cause du sumac vénéneux[1] – il dormit sur le canapé.

*

Au petit-déjeuner, personne ne mentionna la dispute de la veille. Amanda fit comme si de rien n'était, lui aussi. Elle était plutôt préoccupée par un problème d'emploi du temps : elle avait accepté deux invitations pour samedi soir – un dîner avec les Sucram et un autre chez les Van Houten.

– Je ne sais pas à quoi je pensais. Maria Van Houten organise une soirée d'adieux pour Alyssa Pickering – maintenant qu'Herb est mort, Alyssa n'a plus les moyens de payer la taxe foncière. J'ai évidemment

1. Plante sauvage commune en Amérique du Nord, qui provoque une réaction allergique extrêmement urticante quand on la touche ou que l'on s'y frotte.

dit oui tout de suite. Mais on s'était engagé auprès de Betsy et Vince Sucram il y a des mois...

Si Amanda se préoccupait tant du sort de la veuve Pickering, elle n'avait qu'à payer sa taxe d'habitation. Balint ne se risqua pas à le lui suggérer. Elle serait capable de le prendre au mot, aussi cinglé cela soit-il, ou bien elle se plaindrait qu'il se moquait d'elle.

– Je suis sûre que tu trouveras une idée, dit Balint.

– Oui, moi aussi. Mais qu'est-ce que c'est frustrant.

Sa femme débarrassa leurs assiettes et servit un porridge aux filles.

– En tout cas, souviens-toi qu'on sort samedi. Alors tâche de ne pas te faire appeler par l'hôpital.

– Très bien, je dirai à mes patients d'attendre lundi pour faire une crise cardiaque.

Il envisagea de déposer un baiser sur le front de sa femme mais renonça. Une fois dans sa voiture, il regretta de ne pas l'avoir fait.

Ce matin-là, il enregistrait quatre spots radio de soixante secondes chacun pour Etan Steinhoff. Il estimait que quatre minutes de pub ne pouvaient pas demander plus de vingt minutes de travail en studio – une demi-heure tout au plus. Mais le rabbin l'avait réquisitionné cinq heures ! « C'est tout un processus, expliqua Steinhoff. Nous essaierons de faire vite mais il vaut mieux prévoir un peu large. » Balint était à sa disposition jusqu'à 13 heures.

Le studio était installé dans un loft au-dessus d'un club de bowling mais il était bien insonorisé.

– Si le bâtiment prend feu, personne ne vous entendra crier, dit la technicienne qui installa le micro.

– Alors espérons qu'il n'y aura pas le feu.

Elle rit. Elle était plutôt mignonne – même avec son eye-liner bleu autour de ses yeux marron. Balint aurait aimé l'inviter à prendre un café mais il se ravisa. Non qu'il ait quelque scrupule à tromper Dalila, cela semblait anecdotique comparé à son infidélité envers Amanda. Mais la logistique d'une aventure supplémentaire le découragea définitivement.

Eve, c'était son prénom, se retira derrière la vitre épaisse et s'assit à côté du rabbin, en grande conversation au téléphone.

– Test micro, dites quelque chose.

– *Les moulins de Dieu broient lentement, mais ils broient finement*, dit-il après réflexion.

Elle leva le pouce.

– Merci de ne pas avoir dit 1-2-3.

Balint sourit à l'attention de Steinhoff, qui le salua en retour.

– Quand vous voyez la lumière verte, commencez la lecture.

Il jeta un œil à l'horloge. Comment un message aussi bref pourrait-il exiger cinq heures de travail ? La lumière verte s'alluma et il lut le texte que le rabbin avait préparé.

– Je suis le docteur Jeremy Balint, sauver des vies est mon métier. Mais aussi ma passion. Dans notre État, chaque année, des milliers d'hommes et de femmes sont privés de soins médicaux. Plusieurs d'entre eux meurent, tragiquement, alors qu'ils pourraient bénéficier de soins gratuits, parfois à quelques pas de chez eux…

Sur l'horloge, la trotteuse indiquait cinquante-neuf secondes… parfait.

Il leva les yeux vers Steinhoff.

– C'était comment ?

Le rabbin plaça sa main sur le téléphone.

– C'est un bon début. Mais vous leur racontez une histoire compliquée, docteur Balint. Les expériences de Tuskegee, sur Henrietta Lacks[1]. Ces gens ont de bonnes raisons de ne pas faire confiance aux médecins. Si nous voulons les convaincre de venir dans nos dispensaires – dirigés par des hommes blancs, juifs et riches de Laurendale et Hager Park –, ils doivent sentir que vous êtes le docteur le plus honnête et le plus irréprochable qui soit. Je veux entendre Martin Luther King et Marcus Welby[2] en même temps, OK ? Et n'oubliez pas, nous ne voulons mener personne en bateau. C'est pour cela qu'on vous a choisi, vous, l'homme le plus honnête et le plus moral qui soit ici. Compris ?

– Je crois, oui. Vous voulez que j'imite la voix de Martin Luther King ?

– Inutile, vous vous branchez juste sur sa fréquence.

Balint relut le script. Son unique point commun avec Luther King était qu'ils trompaient tous deux

1. Afro-américaine morte d'une tumeur cancéreuse en 1951. Ses cellules furent utilisées sans son consentement préalable et envoyées dans des laboratoires du monde entier. Elles permirent de mettre au point le vaccin contre la poliomyélite. Le scandale éclata quand on découvrit que ce vaccin avait enrichi des médecins tandis que les descendants de la malade vivaient dans un grand dénuement et qu'Henrietta n'avait même pas pu être enterrée décemment.

2. Série américaine des années soixante-dix figurant un médecin et son assistant qui essaient de traiter leurs patients avec humanité, dans un monde où les malades ne sont que des numéros.

leur femme – à en croire les journaux de l'époque –, mais il était peu probable que Steinhoff retienne le fait comme argument de vente. Quand il eut terminé, le rabbin n'était toujours pas satisfait.

– Quand vous parlez, on entend un docteur. Un *vrai* docteur. Mais ces gens-là n'en ont jamais rencontré. Vous devez coller à *l'image* qu'ils se font d'un docteur. Imaginez que vous êtes une femme de vingt-cinq ans, qui vit dans le Newark avec son fils de onze ans, qui a déjà été arrêté deux fois par la police. La dernière fois que vous avez vu un médecin, c'était pour mettre votre fils au monde – un Ghanéen ou un Pakistanais qui parlait tout juste anglais et officiait dans un sous-sol insalubre. Imaginez que vous êtes cette femme et tâchez d'être le médecin qu'elle aurait toujours rêvé avoir.

– Ça serait plus facile de le jouer si on mettait un peu de cirage sur mon visage.

La technicienne éclata de rire. Steinhoff avait l'air désespéré.

– Pas le temps de se déguiser… Faites de votre mieux.

Ça lui prit exactement cinq heures. Le rabbin affirmait que les dernières prises étaient les meilleures mais, en vérité, Balint n'aurait su dire la différence.

*

La mort de Sofia Constantinou faisait la une des journaux ; Balint n'avait plus aucune raison de repousser sa rencontre décisive avec Sugarman. Néanmoins, février succéda à janvier et Balint prenait son temps. Il lui restait suffisamment de ruban dans son portefeuille pour un nouveau crime mais il n'avait rien fait pour connaître l'emploi du temps de Sugarman ou choisir le moment le plus propice pour échapper à la vigilance d'Amanda. Ce dernier point lui donnerait du fil à retordre : il ne pouvait pas tuer le chirurgien pendant que sa femme participait à l'un de ses « tournois de bridge », puisqu'elle se trouverait probablement en sa compagnie. Par ailleurs, maintenant que Norman Navare était mort, Balint était moins pressé. Il pouvait agir tout de suite ou attendre des années, à l'aune de certains tueurs en série. Il n'aimait pas l'admettre mais les efforts des inspecteurs Putnam et Mazzotta pour rassurer le public le réjouissaient : la situation était « sous contrôle ». Quand n'importe quel imbécile doté d'un demi-cerveau pouvait comprendre que ce n'était pas le cas. Le montant de la récompense pour mettre la main sur le tueur de Kenny McCord dépassait désormais les 300 000 dollars.

Quelle que soit la raison pour laquelle Balint traînait des pieds, ce n'était certainement pas par sympathie pour son collègue. Il le méprisait plus que jamais. S'il avait pu désintégrer l'odieux personnage en appuyant sur un bouton, il l'aurait fait sans hésiter. Ce qui le retenait vraiment, c'était la peur. Tuer un étranger ne revenait pas au même que de tuer quelqu'un qu'on connaît, un collègue que l'on croise presque chaque jour. Balint redoutait de rester tétanisé au dernier moment. Ou que Sugarman, qui n'était pas si bête, trouve le moyen de détourner son attention et prenne le dessus. Il était si près d'aboutir… le moindre faux pas réduirait ses efforts à néant.

Voilà quel était l'état d'esprit de Balint lors du dîner au restaurant à Pontefract en compagnie des Sucram.

Amanda avait sauvé la soirée de justesse en passant chez les Van Houten dans l'après-midi. Elle avait déposé un saladier en cristal pour Alyssa Pickering. Qu'est-ce qu'une femme qui ne pouvait pas payer sa taxe foncière ferait d'un saladier à deux cents dollars, à moins qu'elle ne soit supposée dormir dedans ? Il garda ses réflexions pour lui.

Il devait penser à féliciter Betsy et Vince Sucram pour le mariage de leur fille et surtout éviter la politique, la religion ou tout autre sujet qui fâche. Voilà quelles étaient ses consignes.

– S'il te plaît, Jer, tâche de te conduire correctement, supplia Amanda. Si tu penses que tes propos peuvent choquer qui que ce soit, je t'en prie, ne dis rien.

– Tu pourrais me faire un peu confiance. Je ne suis pas l'homme de Neandertal.

– Je n'ai pas dit ça. Mais ce ne serait pas la première fois que tu fais une gaffe. Et les Sucram donnent beaucoup d'argent au rabbin Steinhoff. Etan me fera couper la tête s'ils se sentent insultés.

– Vous vous appelez par vos prénoms, maintenant ?

– Parfaitement. Et voilà le genre de remarques que tu éviteras de faire devant Vince et Betsy, merci.

– C'est noté.

Il arrêta la Mercedes devant le restaurant et tendit les clefs au voiturier. Les Sucram attendaient au bar. Balint serra la main de Vince, embrassa son épouse et ils furent dirigés vers un salon lambrissé. Face à lui, un énorme poisson accroché au mur.

– Le mariage de votre fille était magnifique, dit Balint. Nous avons passé une soirée merveilleuse.

– Merci, nous étions ravis que vous ayez pu vous joindre à nous, répondit Betsy Sucram.

– Cet homme à côté duquel vous m'aviez placé, un avocat fiscaliste, un type extrêmement drôle.

– Oui, Vincent Hearn, dit Vince Sucram.

– C'est ça, Hearn. Lui et moi avons longuement débattu pour savoir si nous devions dire « les épouses » ou « les jeunes mariées » en parlant de votre fille et de son amie.

Amanda lui envoya un coup dans les genoux. Brutal.

Betsy Sucram pinça les lèvres et demanda :

– Et votre conclusion ?

Balint haussa les épaules.

– Je n'en ai aucun souvenir. Franchement, avec cinq martinis, ça aurait pu être deux hommes, je ne faisais plus la différence.

Cette fois, la chaussure d'Amanda le toucha à quelques centimètres de l'entrejambe, Balint agrippa la nappe et faillit renverser les verres.

– Désolé, s'écria-t-il.

À ce moment, il reconnut les deux femmes qui venaient de s'asseoir à l'autre bout de la salle à moitié déserte. L'une était leur étrange voisine, Bonnie Kluger, vêtue d'une robe kimono et d'un chapeau rouge vif – une sorte de papesse asiatique. L'autre était Sally Goldhammer, que Balint n'avait pas revue depuis la noyade de sa fille.

Il attira l'attention d'Amanda. Les Sucram les avaient aussi remarquées et gardaient un silence gênant.

– Jeremy, va leur parler. Elle nous a vus. On ne peut pas les ignorer.

– Pourquoi moi ?

– Fais-moi confiance. C'est mieux comme ça. Elle m'a déjà bien fait comprendre qu'elle ne voulait plus me voir. Si tu allais t'excuser, ça pourrait l'aider à se sentir mieux.

– Je ne peux pas m'excuser, ce serait admettre que je suis en tort. Ses avocats vont me bouffer tout cru. Vous qui êtes un homme d'affaires, Vince, dit-il à Sucram, vous comprenez mon point de vue.

Vince Sucram hocha poliment la tête. Balint apprit par la suite qu'il s'était trompé, que Sucram était en réalité professeur en anthropologie – leur fortune provenait de l'entreprise familiale du côté de sa femme.

– Vous pourriez faire part de votre tristesse sans pour autant endosser une quelconque responsabilité.

– Ça devient ridicule, chuchota Amanda. Jeremy, je t'en prie, fais quelque chose ou on va tous mourir de honte.

Il se leva, posa sa serviette sur sa chaise et traversa la salle. On pouvait lire la terreur sur le visage de Sally Goldhammer. Bonnie Kluger, imperturbable, mâchonnait un bout de pain.

– Sally, pardonnez-moi de vous déranger, dit Balint. Je voulais vous dire que je suis vraiment désolé pour tout ce que vous traversez.

Elle le regarda sans rien dire.

– Elle apprécie votre geste, répondit Bonnie à sa place. Mais vous voudrez bien l'excuser, elle n'est pas d'humeur à vous parler.

– Bien sûr, je comprends.

Il était sur le point de retourner à sa table quand Bonnie lança :

– On m'a dit que vous vous étiez fait mordre par un raton laveur.

– Griffé, corrigea-t-il.

– Ah oui, *griffé*. C'est très étonnant.

Balint flaira le danger.

– J'ai dû interrompre son dîner. Mais ça m'a servi de leçon. Je ferai plus attention.

Bonnie ficha ses yeux dans les siens.

– Je connais parfaitement tous les ratons laveurs de la rue, affirma-t-elle comme si elle parlait de ses voisins. S'ils vous ont attaqué, c'est que vous les avez provoqués. C'est évident, vous avez forcément fait *quelque chose* pour les énerver.

S'il avait pu choisir une autre victime après Sugarman dans les environs, elle aurait sans aucun doute été la deuxième sur la liste.

– Pas du tout, Bonnie. Je vous jure que je n'ai rien fait.

La vieille folle le scruta intensément, comme si elle était capable de sentir le mal enfoui au fond de lui. Puis elle balaya la conversation d'un geste de la main, reléguant Balint et ses griffures aux oubliettes.

– Inutile de discuter, conclut-elle. Cependant, je vous conseille de faire attention à vous. Si vous provoquez les ratons laveurs, ils vous arracheront les yeux.

Apparemment, la voix de Bonnie avait traversé la pièce car lorsque Balint revint à leur table, après un bref détour par les toilettes, Vince Sucram chuchotait une anecdote à propos d'un rituel des Paugha d'Indonésie qui punissaient les traîtres en leur crevant les yeux.

10

Balint tergiversa si longtemps que Sugarman était toujours en vie quand arriva le fameux week-end à la patinoire. Il ne pouvait s'en prendre qu'à lui-même. Mais l'idée de devoir passer du temps avec Amanda et Sugarman réunis le répugnait tant que, contre toute prudence, il s'imagina aller tuer le traître sans aucune préparation. Finalement, la raison prit le dessus, et il passa la nuit qui précédait à espérer l'intervention de forces surnaturelles. Si seulement la patinoire pouvait brûler, si Davey Sugarman pouvait contracter une méningite foudroyante.

À l'aube, le monde n'avait pas implosé et les gorilles ne s'étaient pas échappés du zoo pour kidnapper la progéniture abrutie de son ennemi juré. Balint embarqua sa femme et ses filles dans la Mercedes et se résigna à accepter son sort.

L'air était glacial, à vous transpercer les poumons si vous preniez une profonde inspiration. Les filles dessinaient sur les vitres embuées.

– Jessie, écoute-moi, je veux que tu sois gentille avec Davey, OK ? dit Amanda.

Jessie ne répondit pas.

– *D'accord* ?

– D'accord, maman.

La voix de Jessie trahissait une certaine réticence mais autant éviter de déclencher une dispute avec Amanda. Avant de quitter la maison, il n'avait pas réussi à entendre les infos, et il avait hâte de connaître les derniers détails de l'enquête. Il prétendit vouloir écouter la météo et alluma la radio. Quel étonnement d'entendre sa propre voix : *Plusieurs d'entre eux meurent, tragiquement, alors qu'ils pourraient bénéficier de soins gratuits, parfois à quelques pas de chez eux…*

– Eh ! C'est moi à la radio !

Les filles reconnurent sa voix.

– Papa est à la radio ! s'exclama Phoebe. Papa est à la radio !

Balint jeta un œil dans son rétroviseur intérieur : Jessie semblait douter.

– C'est vraiment toi à la radio ?

– Bien sûr, répondit Amanda. Ton père va devenir une star sur les ondes.

Le visage enchanté de Jessie valait bien cinq heures de studio.

– Ta voix rend bien, dit sa femme. Très professionnelle.

– Steinhoff trouvait que j'avais trop l'air d'un vrai médecin.

– … et tu étais sensé avoir l'air de quoi ?

– De l'image idéale que les habitants d'un ghetto défavorisé se font des médecins qui soignent les riches blancs… quelque chose comme ça. Ton ami n'emploierait sans doute pas ces mots-là.

Amanda croisa les bras sur sa poitrine.

– Non, certainement pas.

Ils firent le reste du trajet en silence. Près de Musselburgh Township, la radio annonça un flash spécial : « L'Étrangleur ». L'inspectrice Mazzotta invitait la population à signaler tout comportement sortant de l'ordinaire : « Si autour de vous quelqu'un semble s'intéresser particulièrement à la série de meurtres ou si quelqu'un agit bizarrement, informez-en la police, elle seule jugera de ce qui est important ou non. Au moindre doute, avertissez-nous. » L'Association Saint-Nicolas de Long Island, dont Stavros Constantinou était membre, avait réuni 15 000 dollars de récompense contre tout élément qui permettrait d'identifier le coupable. À ce rythme-là, pensa Balint, cela deviendrait vite plus intéressant de travailler comme meurtrier que comme médecin. Il se sentait extrêmement frustré de ne pouvoir partager cette ironie avec quelqu'un. Il tendit le bras pour éteindre la radio.

Ils arrivèrent à la patinoire vers 10 heures. L'été, elle servait de lieu d'entraînement à l'équipe de basket de Musselburgh ; l'hiver, la municipalité recouvrait le sol d'une fine couche de glace et une équipe de hockey prenait le relais. Les week-ends, le complexe était ouvert au public. Malgré le mauvais temps, le parking était quasi-complet. Sugarman et son fils avaient déjà loué leurs patins et attendaient dans les gradins.

– C'est assez froid pour toi, Balint ? demanda son collègue.

Il portait un sweater des Columbia Lions[1]. Davey un bonnet en laine et des gants assortis. Il venait d'en

1. Club de sport de l'université de Columbia, New York, dont l'emblème est un lion bleu.

retirer un pour se curer le nez. Pas étonnant que les filles se détournent de lui.

– Froid ? Je n'avais pas remarqué, répondit Balint.

Sugarman et Amanda se saluèrent poliment, sans embrassade ni poignée de mains.

Balint décida de tirer profit de la journée, de glaner tous les renseignements qu'il pourrait concernant l'emploi du temps de son ennemi. Mais pour ne pas se compromettre, il devait y aller doucement. Le sort joua en sa faveur une fois de plus.

– Je ne te dis pas comme ça fait du bien de sortir de chez soi, dit Sugarman. J'ai un comité d'examen lundi matin, première heure – on teste les nouveaux médicaments antirejet de Pfizer, je n'ai toujours pas rédigé le protocole. À la minute où je rentre à la maison, je me mets au boulot non-stop jusqu'à lundi. Ma dernière nuit blanche remonte à l'internat.

On entendait presque les rouages du cerveau de Balint se mettre en marche.

– Tu fais quoi de ton fils ?

– Gloria le récupère. Son père est rétabli – pas trop tôt. J'adore ce gamin, ne te méprends pas, mais je n'ai pas fait médecine pour faire du covoiturage ou préparer le goûter. Tu vois ce que je veux dire.

Balint se demandait si Sugarman consacrerait plus de temps à un fils plus aimable.

– Je ne pourrais pas vivre sans mes filles.

– Chacun son truc. Être père est important… mais pas plus que de faire valider mes projets de recherches.

Amanda avait réussi à louer des patins et aidait ses filles à nouer les lacets. Balint échangea ses baskets contre une paire lui aussi. Il n'aimait pas particulièrement patiner. D'ailleurs, il regrettait maintenant d'y avoir initié ses filles. Sur la piste, les haut-parleurs déversaient leurs chants de Noël.

– Je peux t'emprunter ta femme ? demanda Sugarman.

Balint ne comprit pas tout de suite qu'il parlait du patinage.

– Ça ne regarde que vous.

Son esprit était déjà concentré sur le lendemain – quand Sugarman serait seul chez lui.

Sugarman prit Amanda par la main et l'entraîna sur la glace. Il ne mit pas longtemps à montrer ses talents : personne n'avait jamais vu un amateur se débrouiller aussi bien. L'épouse de Balint avait pris quelques cours adolescente mais, entre les mains de Sugarman, elle était capable de pirouettes dignes de Peggy Fleming[1]. Son partenaire la fit tournoyer sur *Frosty le bonhomme de neige* et *La Valse des fleurs* de Tchaïkovski. On s'écartait pour les admirer, on les applaudit. Amanda chuchota quelques mots à l'oreille de Sugarman et gloussa. Elle était radieuse. Elle se rapprocha des barrières pour embrasser Jessie et Phoebe.

– Tu nous avais caché tes talents, dit Balint.

– J'ai joué au hockey au lycée. Le prof avait insisté pour nous faire travailler quelques figures de base. À l'époque, ça nous gonflait.

– Mais aujourd'hui, tu impressionnes les dames.

– Apparemment.

Davey Sugarman était pendu au bras de son père. Il avait une envie pressante et n'osait pas y aller seul.

– On revient, dit Sugarman.

1. Championne américaine qui remporta les J.O. de Grenoble en 1968.

Amanda s'assit sur un banc et rajusta ses patins. Des gouttes de sueur perlaient à son front.

– On peut aller sur la glace maintenant ? supplia Jessie.

– Je les accompagne, dit Balint.

– Attendez que Davey soit revenu. Et toi, Jessie, montre-lui comment on fait.

– Je ne veux pas. Il est dégoûtant.

– Je ne te demande pas ton avis, répondit Amanda sèchement. Je te dis de le faire. C'est notre invité, nous devons être gentils avec lui.

– J'aurais préféré qu'il ne vienne pas. Ce n'est pas mon invité à moi, rétorqua Jessie.

– Si, il l'est.

Elle attrapa sa fille par les épaules et la regarda dans les yeux :

– Si tu veux retourner patiner cet hiver, il va falloir accepter Davey. Est-ce que c'est clair ?

C'en était trop pour Balint.

– Arrête Amanda, elle est capable de choisir ses amis… Ne t'inquiète pas, ma chérie, dit-il à Jessie.

Sa femme le foudroya du regard.

– Ton père se trompe. Ça ne va pas se passer comme ça.

Jessie était effrayée. Elle chercha sa sœur du regard. Phoebe exécutait des pirouettes sur la terre ferme. Balint craignait que sa fille ne se mette à pleurer mais Amanda renonça.

– Tout va bien, ma chérie. Laisse tomber.

Les filles s'élancèrent aussitôt sur la glace, où elles allaient passer l'après-midi à ignorer le gros lourdaud qui se mettait les doigts dans le nez. Balint les suivit en se tenant à la rampe pour garder l'équilibre.

Dans son dos, il entendit la voix glaciale d'Amanda lui siffler dans la nuque :

– Parfois, je te hais !

Elle ne lui adressa plus la parole de la journée.

*

Balint aurait pu passer une nouvelle nuit sur le canapé mais il ne voulait surtout pas céder sa part de territoire, ni moralement ni physiquement. Elle était allée bien trop loin en forçant Jessie à fréquenter ce cas social. Comment pouvait-elle faire passer les intérêts du fils de son amant avant le bien-être de ses propres filles ? Cela soulevait de sérieuses questions sur l'impartialité d'Amanda.

Cette nuit-là, Balint fit le rêve le plus intense et le plus saisissant de toute sa vie d'adulte. Il se trouvait dans une salle d'audience, où il était jugé pour le meurtre des Rockingham, de Kenny McCord et de Sofia Constantinou. Parmi les jurés figuraient plusieurs collègues de l'hôpital : Myron Salt, Andy Price, Sid Crandall. Également Ellen Arcaya et Matilda Rothschild. Pour son plus grand plaisir, Dalila était la présidente du jury. Elle portait la jupe à fleurs et le chemisier jaune à volants qu'il avait eu plaisir à lui enlever lors de leur tout premier rendez-vous. Alors que le procureur se levait pour entamer sa plaidoirie, Dalila lui adressa un signe de la main – tout jouait en sa faveur. Le procureur décrivait ses crimes dans les moindres détails, n'épargnant aucune infamie ; Balint restait confiant. Mais quand il leva la tête, son regard s'arrêta sur le lion du sweat-shirt du juge : Warren Sugarman. Ce n'était pas un marteau qu'il tenait à la main, mais un scalpel. « Nous n'avons plus besoin des jurés, déclara le chirurgien. Je déciderai moi-même de l'issue de cette affaire. » Balint paniqua.

On ne sait comment, dans les contrées de son inconscient, Sugarman se transforma en Etan Steinhoff. Le rabbin portait une blouse blanche. Balint était persuadé qu'il allait lui aussi le condamner. À sa grande surprise, il ne tarit pas d'éloges sur ses actions. « Dieu joue une difficile partie d'échecs. Parfois, il a besoin d'aide pour bouger les pièces, et cela demande du courage. Je voudrais ici rendre hommage à un héros, un homme qui met autant de passion à éteindre des vies qu'à les sauver. » Balint éprouva un profond soulagement – et se réveilla.

Il était déjà 7 heures, le soleil s'immisçait à travers les persiennes. On entendait le beagle des Robustelli aboyer. S'il avait cru au sens caché des rêves, il aurait passé une heure à explorer sa psyché mais Balint n'avait pas davantage de considération pour l'interprétation des songes que pour l'imposition des mains – du charlatanisme, tout cela. Au lieu de sonder son âme, il organisa donc son prochain assassinat.

Il pensait raconter à Amanda qu'il se rendait chez ses parents et, pour éviter qu'elle ne lui colle les petites sur les bras, il ajouterait qu'ils devaient parler succession et obsèques. Cette conversation était sinistre mais il avait l'intention de l'avoir avec eux depuis longtemps et, pour des raisons qu'il ne s'expliquait pas, la question prenait un tour plus urgent maintenant qu'il avait embrassé sa double carrière. Il semblait évident qu'on ne pouvait aborder un tel sujet devant de jeunes enfants.

Balint se fit couler un café et lut le *New York Times*. La rubrique locale présentait les dernières avancées de l'enquête – mais aucun nouveau détail. Vingt minutes plus tard, Amanda descendit dans la cuisine, les traits tirés. Elle se servit un verre de jus d'orange sans prêter la moindre attention à son mari. Il l'informa de son projet de déjeuner avec ses parents. Pour toute réponse, Amanda lui lança un regard furieux et quitta la pièce.

Un jour comme les autres, Balint l'aurait suivie pour tenter une réconciliation. Il passa un coup de fil pour s'assurer que ses parents seraient là à son arrivée. Il entrouvrit la porte de la chambre des filles et les regarda dormir. Il aurait aimé les embrasser sur le front mais craignait d'être retardé si elles se réveillaient. À 9 heures, il était en route – vers sa mission.

La journée était morne, le vent soufflait et la pluie tombait à intervalles réguliers. Sur le parcours de golf, une voiturette semblait abandonnée au milieu du green, seule preuve d'une présence humaine. Il se rappela cette matinée d'août, six mois auparavant, où il avait percuté le chien. Seulement six mois. Il n'était plus capable de dire qui il était *avant* ce jour – avant d'ourdir sa vengeance contre Sugarman.

Les parents de Balint étaient, comme toujours, ravis de le voir. Il était à peine 10 heures et son beau-père portait déjà un blazer et un nœud papillon. Il évacua leurs questions sur Amanda et assura qu'ils verraient leurs petites-filles le week-end suivant. Ils s'installèrent tous les trois autour de la table du salon. Sa mère lui apporta un café.

– Tu aurais dû me dire que tu venais si tôt, j'aurais prévu un petit-déjeuner. Je n'ai que quelques bagels et un peu de fromage à tartiner.

– Je viens pour vous voir, pas pour manger. Quoi de neuf ?

– On a une bande d'ignares au conseil d'administration, ils ont rejeté mon idée de fabriquer des colliers de fer, dit Henry Serspinsky. Je mentirais en disant que je ne suis pas déçu.

– Ils ne mesurent pas le risque ?

– Oh si, ils admettent bien qu'il y a un danger. L'un de ces imbéciles a même reconnu que mon invention pourrait sauver des vies. Le problème – écoute ça Jeremy – est qu'ils ont peur de violer un brevet déjà existant. Selon leurs informations, un type en Arizona commercialise un équipement pour les gens du cirque qui ressemble beaucoup au mien.

– Ça s'appelle « Le supplice du jongleur », ajouta la mère de Balint.

Serspinsky fronça les sourcils.

– Tu y crois, toi ? Des vies sont en jeu et ils s'inquiètent pour le code de la propriété intellectuelle.

Balint suspecta le conseil d'administration de s'être servi de l'autre invention comme excuse pour ne pas offenser Serspinsky, mais il s'abstint de leur ouvrir les yeux sur la réalité.

– À votre place, j'oublierais l'Étrangleur. Il me semble que vous êtes loin de son territoire de chasse.

– C'est vrai, j'oubliais que tu es un expert, dit sa mère. En tout cas, si un jour tu nous retrouves avec des petits rubans verts autour du cou, tu ne pourras pas dire qu'on ne t'avait pas prévenu.

– Je me flagellerai, maman.

Sa mère lui offrit un second bagel.

– Très bien, continue de plaisanter, je m'en moque.

Ses parents étaient-ils réellement inquiets ou bien s'étaient-ils saisi de ces affaires de meurtres pour combler leur oisiveté ? Dans tous les cas, la peur de mourir étranglé offrait une excellente transition pour évoquer la fin de vie.

– Puisqu'on parle de mourir, ça fait plusieurs mois que je veux vous parler des « directives anticipées ».

– Notre testament est déjà chez le notaire, répondit sa mère. Tout te reviendra sauf quelques bijoux que je donne à mes cousins, du côté Kimball.

– Je ne parle pas de succession mais de « directives anticipées », dit Balint. C'est un document que vous pouvez rédiger pour exprimer vos souhaits en fin de vie.

Henry écoutait. Sa mère était ailleurs.

– Bien sûr, j'espère qu'on n'aura pas besoin de se poser la question avant les cinquante prochaines années, précisa Balint. Mais dans le cas où il vous arriverait quelque chose – imaginons que vous vous retrouviez à vous battre avec l'Étrangleur qui vous laisserait à moitié mort –, c'est important pour moi de connaître vos souhaits.

Lilly Serspinsky remplit la tasse de son fils.

– Nous te faisons confiance, tu sauras décider de ce qu'il y a de mieux. Tu es d'accord, Henry ?

– Tant que je ne souffre pas.

– D'accord mais j'aimerais savoir ce que, toi, tu veux maman. Qu'est-ce qui serait le mieux, à ton avis ?

– C'est absurde. Nous avons élevé un fils magnifique, le meilleur des hommes sur cette terre pour autant que nous le sachions. Tu as toute notre confiance, tu sauras prendre ces décisions pour nous. Compris ? Allez, arrêtons cette conversation macabre et parlons de sujets plus légers…

Le meilleur des hommes sur cette terre. Il avait tressailli en entendant ces mots dans la bouche de sa mère. Son enfance avait-elle été bercée par la morale et la justice ? Se pouvait-il qu'il n'y ait pas prêté attention plus tôt ? Ou bien sa mère jouait-elle sur un nouveau registre ? Questions purement théoriques. L'essentiel était qu'on ne le soupçonnerait jamais d'avoir commis un meurtre.

Il abandonna le sujet et ils bavardèrent des difficultés de Jessie avec les fractions, de la dispute qui avait éclaté entre Henry et un voisin, qu'en bon vétérinaire retraité il accusait de trop nourrir son chat. À midi, sa mère posa un baiser sur sa joue et il prit la route pour Meadow Court. Au programme : tuer Sugarman et rentrer chez lui avant 14 heures.

L'après-midi fut encore plus maussade que la matinée. Lorsqu'il quitta la voie rapide, la visibilité était presque nulle en raison des fortes pluies. Ainsi, même la météo jouait en sa faveur : s'il était retardé, il pourrait toujours accuser le mauvais temps. À l'intersection de Meadow Drive, au feu rouge, il enfila une paire de gants en cuir neufs. Il avait déjà découpé les morceaux de ruban vert et les avait glissés dans la poche de son jean.

Balint fit plusieurs fois le tour du quartier en attendant une accalmie. Quand la pluie se transforma en une bruine régulière, il s'arrêta devant la maison de Sugarman. Une voiture qu'il ne connaissait pas était garée sous le panier de basket.

Il n'osa pas sonner à la porte comme prévu. Il passa par le jardin et grimpa sur la terrasse en bois. Le cèdre craquait sous ses pas. Les gouttes de pluie tambourinaient sur le couvercle du barbecue. À l'abri sous l'avancée du toit, il sécha son visage.

La première et la deuxième fenêtre ne présentèrent aucun intérêt. À travers la troisième, il aperçut Sugarman – entièrement nu –, un verre à cocktail à la main. Une femme, la poitrine à l'air, à genoux devant lui. Voilà à quoi Sugarman pensait en parlant de nuit blanche.

Balint voulut détourner le regard mais les cheveux auburn de la femme lui parurent étrangement familiers. Elle tourna la tête pour s'essuyer la bouche sur son coude… Il reconnut le visage dévasté de Gloria Sugarman-Picardo.

*

Balint rentra chez lui accablé par un profond sentiment d'échec. Il aurait certainement d'autres occasions de tuer Sugarman, mais il avait néanmoins l'impression d'avoir raté le coche. Ses bras pendaient mollement le long de son corps. Pour arranger le tableau, il était trempé jusqu'aux os.

Il était en train de se changer quand Amanda déboula dans la chambre.

– Tu t'es enfin décidé à rentrer.

– J'étais chez mes parents.

Elle s'assit au pied du lit.

– Peu importe. On ne peut pas continuer comme ça, Jeremy.

– Ça veut dire quoi ?

Phoebe choisit ce moment pour se précipiter dans la chambre.

– Maman, tu peux me montrer comment faire des tresses à Jessie ?

– Pas maintenant, dit Amanda. Va dans ta chambre. Papa et maman vont se disputer.

La petite se tourna vers son père. Il ne pouvait faire autrement qu'abonder dans le sens d'Amanda.

– On te montrera plus tard, ma princesse. Promis.

Phoebe partit en courant et Balint se retrouva seul avec sa femme. Folle de rage.

– S'il faut se disputer, finissons-en vite, dit-il.

Au lieu de répondre, Amanda envoya sa chaussure contre une porte de placard, laissant une marque noire sur la peinture.

– Tu n'as aucune idée de la colère dans laquelle je suis. Je m'occupe de tout ici. Je prépare les filles pour l'école, je paye les factures, je m'assure que le frigo soit rempli, que le linge soit propre et que personne dans cette maison n'oublie ses foutus rendez-vous chez le dentiste – sans parler de mon boulot à plein temps ! Est-ce que tu mesures tout cela ?

– Oui, je m'en rends compte. Et j'apprécie, vraiment.

– Non, tu ne te rends pas compte. Parce que je ne te demande jamais rien, en tout cas rien de bien compliqué. Je ne te demande même pas où tu vas, avec qui tu passes ton temps. Est-ce que tu comprends ce que je te dis ?

– Mais tu peux tout me demander.

– Et pour quoi faire ? Pour entendre des mensonges ?

On y était. Sugarman lui avait raconté son aventure avec Dalila. Il comprenait mieux sa rage.

– Et la seule et unique fois où je te demande quelque chose, quelque chose d'important pour moi, tu te fous de moi ? !

– Tu parles de Davey Sugarman ?

– Qu'est-ce qui ne tourne pas rond chez toi, bordel ? De quoi d'autre veux-tu que je te parle ?

– Je suis désolé... Je...

– Non seulement tu as blessé ce pauvre gosse mais, en plus, tu sapes mon autorité devant Jessie. Je refuse d'être humiliée devant mes propres filles. Je te préviens, Jeremy Balint, je ne me laisserai pas faire.

Quel idiot de ne pas avoir vu cela venir. Bien sûr que Sugarman avait dû lui cracher le morceau. Quel meilleur moyen de lui faire oublier ses propres maîtresses ?

– Je suis désolé, ça n'arrivera plus.

– Oh que non ça n'arrivera plus, s'écria-t-elle. La semaine prochaine, je vais inviter ce petit et sa mère et tu seras là pour les accueillir à bras ouverts – comme si tu recevais la reine d'Angleterre. Pigé ? Parce que si ce n'est pas le cas, je t'arracherai les couilles dès que tu fermeras un œil.

*

Le lendemain matin, encore ébranlé par sa dispute avec Amanda, Balint reçut un appel pour une convocation urgente dans le bureau du directeur du département de médecine. Une réunion de ce type ne présageait jamais rien de bon. Qu'avait-il donc à se reprocher ? Sûrement pas l'intoxication de son collègue cardiologue, d'autant qu'il avait immédiatement suspendu l'interne à l'origine de l'erreur. La seule irrégularité dont on pouvait l'accuser – hormis les assassinats – était sa liaison avec Dalila. Et il imaginait bien que le Dr Sanditz avait d'autres chats à fouetter. Mais à voir son expression lorsqu'il pénétra dans son bureau, Balint comprit qu'il avait dû royalement déconner.

Cet éminent néphrologue avait mené des recherches sur les maladies glomérulaires[1] au centre John Hopkins[2], mais, après une série de découvertes du calibre d'un prix Nobel, il avait abandonné, la cinquantaine venant, le travail de laboratoire pour s'accommoder d'un poste administratif à Laurendale. C'était un directeur plutôt bienveillant et facile à vivre. Tant que vous décrochiez des subventions et que les comptes de votre service n'étaient pas dans le rouge, il ne venait pas vous chercher des noises. Il avait un certain goût pour l'humour noir : un jour, il avait fait passer un mémo demandant l'avis de chacun pour monter un programme de greffes de cœur à partir de donneurs vivants – pure plaisanterie, bien sûr. Il avait ensuite affiché en salle de repos les réponses indignées de tous ceux qui avaient pris la requête au sérieux. Balint avait aussi vu son patron se mettre dans de violentes colères à plusieurs reprises. Comme cette fois où un interne s'était plaint du prix des billets pour le banquet annuel ; bien que talentueux, le jeune médecin n'avait pas vu son contrat renouvelé l'année suivante. Bruce Sanditz n'était pas un homme à contrarier.

Il invita Balint à s'asseoir.

1. Maladies liées à une insuffisance rénale.
2. Centre de soins universitaire situé à Baltimore.

– Jeremy, j'espère que je ne vous tire pas de quelque chose de trop important.

– Pas du tout, mentit Balint.

Il devait poser trois cathéters ce matin-là.

– Permettez-moi de vous demander quelque chose. C'est une question très personnelle.

Son ton était sans concession.

– Quelle a été, pour vous, la décision la plus difficile à prendre ?

– Vous parlez de la médecine ?

– De tout. La question la plus difficile de votre vie.

Balint le voyait venir. Il entendait déjà le directeur marteler : *Eh bien, pour moi, le plus dur a toujours été de devoir licencier un chef de service. Et malheureusement, dans votre situation, je ne vois pas d'autre issue…*

Sa situation, il devait le reconnaître, était désespérée. La veille, il était sur le point de commettre le meurtre du siècle, et aujourd'hui il allait être viré, comme un vulgaire larbin. C'était la cruelle réalité qui affleurait dans chaque existence : personne n'était irremplaçable. Un directeur passe, on élit le suivant. Le roi meurt, vive le roi ! Mais il ne rendrait pas si facilement les armes.

Balint envisagea tout d'abord de jouer la carte de la sincérité. Comment aurait-il pu oublier la décision la plus difficile qu'il avait eue à prendre dans toute sa vie ? Il avait sept ans. Avec ses parents, ils avaient rendu visite aux cousins de sa mère, les Kimball. Leur fille, Béatrice, avait le même âge que lui. Elle souffrait d'une grave malformation : il lui manquait la plupart des os du visage. Elle avait subi de nombreuses opérations mais restait néanmoins défigurée – ce qui terrifiait Balint. Ce jour-là, forcé par ses parents de se montrer « gentil » avec sa cousine, ils avaient joué à cache-cache tous les deux. Béatrice s'était enfermée dans le grand frigo, à la cave. Balint l'avait entendu tambouriner, pleurer et crier mais n'en parla à personne. Il remonta simplement jouer tout seul dans son coin. Il aurait été incapable d'expliquer pourquoi il avait fait une telle chose. Quand on avait retrouvé la petite Béatrice huit heures plus tard, après une recherche affolée, elle était déjà morte, asphyxiée. Personne ne l'avait jamais suspecté. Encore aujourd'hui, il n'était pas convaincu d'avoir vraiment mal agi. Il ne l'avait pas poussée dans le frigo, quand même. Une idée saugrenue lui vint en tête : s'il révélait ce vieil incident à Sanditz, cela le déstabiliserait peut-être suffisamment pour qu'il renonce à son projet de le mettre à la porte ?

– Ma décision la plus difficile… se reprit Balint. À dix-sept ans, j'ai sauvé une femme qui se noyait à la plage. Ça paraît évident qu'il faut se jeter à l'eau, qu'il n'y a pas à réfléchir, mais le courant aurait pu m'emporter, moi aussi. Je me rappelle encore la fraction de seconde juste avant de sauter. Le moment où j'ai décidé de risquer ma vie pour sauver celle de cette femme.

– Excellent. Vous savez quelle est la décision la plus difficile pour moi, en ce moment ?

On y venait.

– Parfois, certaines décisions méritent peut-être qu'on les reconsidère… tenta Balint

– Absolument pas, répondit Sanditz. Elle est prise, je m'y tiens. Le credo des médecins. Ne pas toujours avoir raison, mais être toujours convaincu.

– Il paraît.

– Ma décision la plus grave… concerne le prix de l'Université de Médecine Américaine.

Il fit un clin d'œil à Balint et son visage se fendit d'un large sourire.

– J'étais sur le point de proposer Andy Price, le type qui bosse sur la leucémie, et qui a monté un hôpital en Haïti. J'ai même entendu que Price vous avait sauvé la vie – que vous avez failli être décapité par un fou. Et puis quelques jours plus tard, on m'a parlé du travail que vous accomplissez au dispensaire de Newark et j'ai estimé que vous méritiez cette candidature. On donnera sa chance à Price une prochaine fois.

Abasourdi, Balint s'efforçait de savourer le sursis qui lui était offert.

– Quel prix ?

– Le Prix d'Éthique de la Fondation Wenger. Deux cent mille dollars – sans condition. Décerné à un médecin pour ses choix éthiques. Chaque institution a le droit de présenter un candidat.

Sanditz se pencha sur son bureau, son crâne chauve reflétait la lumière du plafond.

– Je ne vous garantis rien, mais le président du comité de sélection a fait son post-doc sous ma tutelle –, ça peut aider.

Balint reprenait contenance.

– Merci, je suis très flatté.

– Envoyez-moi votre CV et je vous écrirai une lettre. Avouez que vous avez eu peur ! ricana-t-il.

– Vous m'avez pris au dépourvu, c'est le moins qu'on puisse dire.

Sanditz se renfonça dans sa chaise pivotante.

– N'ayez aucune crainte, Dr Balint, je vous apprécie. Vous me faites penser à moi, quand j'étais un jeune chef de service plein d'avenir. Je ne vois pas ce que vous pourriez entreprendre que je n'approuverais pas. Sauf peut-être détourner des fonds ou vous mettre à tuer vos patients… Mais à part ça, pas grand-chose. Tant que je dirigerai cet hôpital – et je compte bien en sortir les pieds devant – vous serez protégé.

Son sourire s'effaça soudain.

– Bien sûr, ne me cherchez pas, Balint…

– Je vous remercie de votre confiance, j'apprécie beaucoup votre geste.

– Ne dites pas de bêtises, inutile de me remercier, dit Sanditz en jetant un œil à sa montre. S'il y a quelqu'un à remercier, c'est Sugarman.

– Warren Sugarman ?

– Le seul que je connaisse. Un jeune gars épatant. Entre nous soit dit, il sort avec ma petite Jeanine depuis quelques mois, et il nous a fait bonne impression à Angela et à moi.

– Sugarman sort avec votre fille ?

– C'est confidentiel. Je ne voudrais pas leur porter la poisse. Il est venu dîner à la maison vendredi dernier et il a passé une grande partie du repas à faire votre éloge. Il raconte que vous avez pris son fils sous votre aile. Pour tout vous dire, c'est ce qui a achevé de me convaincre de vous choisir.

– C'est surtout ma femme, elle est formidable avec les enfants.

– D'après les dires de Sugarman, vous êtes autant responsable que votre femme. Et je ne vois aucune raison d'en douter.

– C'était très gentil de sa part, dit Balint en serrant le poing dans sa poche. Je saurai l'en remercier.

D'une certaine façon, la gentillesse de Sugarman – à présumer qu'elle ait été sans arrière-pensée – était encore plus exaspérante que sa trahison. Jamais, pas même en découvrant leur liaison, il n'avait autant haï un autre être humain.

*

L'entretien avec Sanditz l'avait ragaillardi. Il avait retrouvé toute son énergie pour tuer Sugarman. Malheureusement, il fallait attendre qu'une autre occasion se présente.

À l'hôpital, la semaine fut si chargée qu'elle fila à toute vitesse : le lundi et le mardi, il dut remplacer un collègue grippé ; le mercredi après-midi, il donna sa première conférence de l'année devant les étudiants. Le soir, il rédigeait sa « déclaration d'intention » pour le prix Wenger, remplissant sa corbeille de brouillons chiffonnés. Même Amanda s'émerveilla de cette candidature – et elle s'arrangea pour partager la nouvelle avec tout Laurendale. Malgré cette effervescence, l'idée de son prochain meurtre ne le quittait pas.

Une dernière fois, le sort joua en sa faveur. Le vendredi soir, Amanda se leva de table avec de violents maux d'estomac. Pas une heure ne s'écoula cette nuit-là sans qu'elle se précipite aux toilettes pour vomir. Dans ces conditions, il paraissait improbable qu'elle rejoigne Warren Sugarman pour un interlude romantique.

– Laisse les filles chez ta mère ce week-end. Ça leur évitera de tomber malade, suggéra-t-elle à son mari au moment où il partait pour Hager Heights. Dis-leur que je passerai les prendre demain soir quand j'irai mieux.

On pouvait imaginer qu'elle faisait semblant, que tout ce cinéma visait à se débarrasser des filles pour le week-end, mais c'était peu probable. Après tout, elle n'avait pas besoin de ça pour le voir. Et puisque Balint rentrait dans l'après-midi, elle n'y gagnerait finalement pas plus de temps qu'un autre samedi.

Pour Balint en revanche, l'état d'Amanda lui offrait la seconde chance qu'il espérait. Sugarman n'aurait vraisemblablement pas le temps d'organiser un rendez-vous avec une autre de ses conquêtes, il serait certainement seul chez lui. Les parents de Balint étaient tellement ravis de voir leurs petites-filles qu'ils ne remarquèrent pas le départ précipité de leur fils après le déjeuner.

Balint arrêta sa voiture en haut de Meadow Drive et enfila ses gants. Dehors, l'air était doux pour un mois de mars. Le long de la petite allée, les crocus avaient jailli de terre. Aucune voiture sous le panier de basket aujourd'hui – seulement quelques taches d'huile au sol. Balint inspira profondément et appuya sur la sonnette.

Sugarman ouvrit presque immédiatement, très élégant dans son smoking de soie, une flûte de champagne à la main.

– Balint ! Pour une surprise !

– Je passais dans le coin. Tu ne m'en veux pas…

– Pas du tout. Entre !

Il suivit Sugarman jusqu'au salon. Rien n'avait changé depuis leur dîner en septembre, hormis un bocal à poisson rouge qui était apparu sur le bar. Des revues jonchaient l'une des causeuses.

– Davey l'a remporté la semaine dernière à la fête de Pourim. Je me suis dit qu'il pouvait aussi bien le laisser là. De toute façon, tôt ou tard, il finira dans les toilettes.

– Comme nous tous, rétorqua Balint.

Sugarman éclata de rire.

– T'as raison, on peut voir les choses comme ça.

Balint raconta l'histoire du gourami de Phoebe. Pendant qu'il parlait, il scrutait la pièce à la recherche d'une arme. Le tisonnier était une possibilité mais il se trouvait à l'autre bout et serait difficile à déloger rapidement de son support. Sur la table devant lui, un kaléidoscope et une statuette africaine en bois, tous deux trop fragiles. Puis il remarqua le cendrier en marbre sur une autre table. Rempli de bonbons à la menthe.

– Dis-moi… que me vaut l'honneur de cette visite ?

– Tu n'as pas une petite idée ?

– Pas la moindre. Tu veux un verre ? Je n'ai plus de whisky mais le bourbon est de premier choix.

Il se dirigea vers le bar, présentant ainsi l'arrière de son crâne à Balint. Il fallait saisir l'occasion.

– Scotch soda, dit-il.

À peine avait-il prononcé ces mots qu'il se leva en saisissant le cendrier sans un bruit et s'avança vers son ennemi. Au dernier moment, Sugarman aperçut son agresseur dans le miroir situé derrière le bar – mais trop tard. Il tourna la tête et leva le bras à l'instant même où Balint abattait le cendrier sur lui. Sugarman, frappé à la tempe, tituba vers l'arrière, entraînant dans sa chute les tabourets de bar.

Il tenta de se relever mais Balint lui asséna un second coup. Cette fois, le bruit sourd de la pierre qui s'écrasait contre le crâne résonna dans la pièce. Le rival de Balint gisait à terre, yeux grands ouverts. Il posa les mains sur sa gorge et serra jusqu'à ce que sa langue pende sur le côté. Il était comme Balint l'avait imaginé : le visage marbré et boursouflé, le haut des oreilles injecté de sang. Dans le poids de ce corps qu'il traînait sur le sol, Balint sentait tout le fardeau de la mort. C'était irréel.

Il allongea le cadavre sur le canapé et noua chacun des six rubans autour de son cou. Plus jamais il n'entendrait Sugarman éructer son « Balint ! » de bienvenue ; plus jamais il n'aurait à imaginer ses mains grasses caresser les seins d'Amanda. Échec et mat. Il avait défié Dieu – et lui avait mis une raclée.

Une seule émotion emplissait Balint : le soulagement. Moins d'une minute plus tard, il roulait tranquillement le long de Hamilton Boulevard, apaisé.

ACTE III

11

Le lundi suivant, Balint se présenta très tôt à la réunion mensuelle sur les greffes. Il avait passé son dimanche après-midi cloîtré dans son bureau, l'oreille collée à la radio. Si la police avait découvert le corps, elle n'en avait rien dit à la presse. Amanda ne s'était pas souciée de lui mais semblait clairement préoccupée, car chaque fois qu'il retournait à la cuisine remplir sa tasse de café, elle avait le téléphone à la main. Elle essayait sans doute d'appeler son amant – son ex-amant – et, bien entendu, celui-ci ne décrochait pas. Au petit-déjeuner du lundi, elle était extrêmement inquiète mais Balint fit comme si de rien n'était. De même, il feignit la surprise quand tout le monde constata l'absence de Sugarman à la réunion matinale.

Sans chirurgien pour signer en bas de la liste des futurs receveurs d'organes, la réunion n'avait plus lieu d'être. Balint grignota un croissant et parcourut le *New York Times* en attendant un homme dont il savait pertinemment qu'il ne viendrait pas. Ce serait sans doute la dernière réunion de ce genre à laquelle il devrait assister avant très longtemps : Chester Pastarnack – le seul remplaçant capable d'intervenir sur-le-champ – venait d'être engagé comme consultant dans une société de capital-risque basée en Arizona.

– Vendredi, Warren m'a raccompagné chez moi, raconta l'un des anesthésistes. Je lui ai même dit : « On se voit lundi aux aurores. » Il ne m'a pas parlé d'un empêchement.

La coordinatrice des soins rassembla ses dossiers. Il était déjà 7 h 20.

– Espérons qu'il n'y a rien de grave.

Elle se leva et autorisa, en quelque sorte, le reste de l'assemblée à se disperser.

Balint accompagna la psychiatre allemande dans le couloir.

– Ça fait vingt-six ans que je participe à cette réunion ; il y a eu Pastarnack, et avant Allan Drevitz et encore avant Rachel Glendening. Aucun d'eux ne nous a jamais posé un lapin.

– Il s'est passé quelque chose, dit Balint en essayant d'avoir l'air normal. Ça ne ressemble pas à Warren.

La psychiatre ricana soudain :

– Le Dr Glendening a même présidé une réunion alors qu'elle était enceinte de neuf mois, elle avait des contractions ! Le Dr Sugarman ne serait pas en train d'accoucher, quand même !

Balint se demanda si la question était rhétorique.

– Je ne pense pas, dit-il.

– Alors, je suis vraiment très déçue, répondit la psy.

Dans sa bouche, « déçue » s'apparentait à « scandalisée ».

*

Peu après midi, Ralph Spitford, le shérif du comté de Laurendale, annonça le meurtre au cours d'une brève conférence de presse. Cousin du révérend Spotty Spitford, éternel candidat de gauche aux présidentielles, le shérif était un Noir américain à la carrure athlétique. Contrairement aux inspecteurs Putnam et Mazzotta, Spitford avait l'air d'un flic. Il répondait aux questions des journalistes en faisant des phrases déclaratives et courtes comme si chaque mot était difficile à dire.

Balint prit au vol la fin du reportage alors qu'il s'achetait un sandwich à la cafétéria. Deux par deux ou en petits groupes, les médecins et les infirmières restaient médusés devant les écrans de télé. Régulièrement, Balint entendait prononcer le nom de Sugarman et celui de l'Étrangleur à l'Émeraude par-dessus le brouhaha des conversations qui tournaient toutes autour du même sujet. Une jeune interne en chirurgie passa devant lui en pleurant pour se rendre aux toilettes.

Les mains dans les poches, Balint retourna tranquillement à son bureau. Il résista à l'envie irrépressible de siffloter un air joyeux.

La nouvelle de la mort de Sugarman se répandit dans l'hôpital comme une traînée de poudre. Peu avant 16 heures, le vice-président envoya à tous un e-mail confirmant la disparition de Sugarman et retraçant son brillant parcours. Balint répliqua aussitôt en suggérant la création d'un fonds pour le fils de Sugarman. À la fin de la journée – c'était risible – il fut chargé de récolter l'argent pour payer les études de Davey Sugarman. Au fil de la journée, il ne cessa de se dire : *Je ne vais plus rencontrer Warren Sugarman.*

Plus jamais. Il ne serait plus obligé de se faire escorter par l'amant de sa femme à travers le parking, ni de prendre l'ascenseur avec lui. Les mois d'attente qui avaient précédé l'assassinat ne faisaient qu'amplifier le sentiment de joie intense qu'il éprouvait à cet instant. Sur le parvis de l'hôpital, les drapeaux étaient en berne.

Au snack du hall d'accueil, Balint s'achetait un beignet au chocolat pour la route quand Myron Salt le rejoignit.

– T'as entendu pour Sugarman ? demanda Salt.

– C'est affreux, je suis bouleversé.

Il paya son beignet et attendit que le neurologue commande un café latte.

– L'Étrangleur à l'Émeraude, dit Salt. On lit ça dans le journal sans imaginer que ça puisse arriver à quelqu'un qu'on connaît.

– C'est surnaturel.

– Samedi matin, j'ai joué au squash avec lui – ou plutôt contre lui. Tu sais comment était Warren au jeu.

– Perdre, c'était pas son truc, dit Balint.

Ils venaient de parler de Sugarman au passé. Il se mordit la lèvre inférieure pour réprimer un sourire.

– Quand j'y pense, on a joué ensemble et il ne lui restait que quelques heures à vivre. Si ce cinglé m'avait suivi, moi, jusqu'à la maison au lieu de Warren ? J'aurais pu être la victime au ruban vert.

– Quelqu'un t'a suivi ?

– Aucune idée. J'imaginais juste…

Balint fut surpris par cette histoire de squash. Ça voulait dire que Sugarman revenait tout juste du club quand il est allé sonner à sa porte – il avait eu de la chance de tomber sur lui. En réalité, toute cette affaire de comité d'examen de Pfizer, le week-end précédent, n'était qu'un leurre pour permettre à Sugarman de rencontrer Amanda sans anicroche. Leur plan était tombé à l'eau car Balint lui avait laissé les filles sur les bras. Gloria n'était qu'une roue de secours. Quelle chance, se dit-il, que Sugarman ait remplacé sa rencontre avec Amanda par un match de squash au lieu de chercher une autre partenaire pour l'après-midi.

– Je n'arrive toujours pas à y croire, dit Balint en faisait un effort pour avoir le ton juste. Warren était un gars bien, comme quoi, ça ne rapporte pas toujours.

– Comment ça ? s'étonna Salt.

Balint ne s'attendait pas à devoir donner d'explications.

– Warren était l'un des hommes les plus gentils, généreux, honnêtes que j'aie rencontrés – difficile de trouver une raison de vouloir le tuer.

Myron Salt éclata de rire puis jeta un œil autour d'eux.

– Warren ? Honnête ? C'est du révisionnisme, ton histoire. Warren était un ignoble coureur de jupons, un petit con égoïste. Mais c'était aussi mon meilleur ami depuis la deuxième année... je sais de quoi je parle.

– Tu ne mâches pas tes mots, dit Balint.

– Je l'aimais trop de son vivant pour raconter n'importe quoi aujourd'hui qu'il est mort.

La conversation s'interrompit au moment où ils passèrent les portes tambour. Dans le vent froid, la neige fondue virevolta. Myron Salt ouvrit son parapluie.

– Et toi, comment vas-tu ? demanda Salt. Je me suis dit que si tu avais eu des complications, j'en aurais entendu parler.

– Je suis d'attaque. Si j'ai des séquelles, je ne m'en suis pas encore rendu compte !

– Toi, non, mais ta femme, oui, enchaîna Salt. La moitié des appels que je reçois viennent des conjoints inquiets. La semaine dernière, la femme d'un patient m'a téléphoné pour me dire : « Il est plus ou moins comme avant, sauf qu'il est allé travailler avec une seule chaussette et une seule chaussure ce matin. » La classe ! Une chaussette et une chaussure. La normalité n'est qu'une question de perspective. Enfin, je suis content de voir que tu as tes deux chaussures aux pieds.

Il souhaita bonne route à Balint et disparut dans la nuit.

*

Balint s'attendait à trouver Amanda au bord de la dépression. Étonnamment, elle l'accueillit comme si tout allait bien. Elle était installée à la cuisine, occupée à résoudre un problème de mathématiques avec Jessie. Des boules de papier froissé jonchaient la table.

– Je n'ai pas encore préparé le dîner, s'excusa-t-elle. Phoebe avait laissé son sac à l'école et nous avons dû y retourner.

Elle prend la nouvelle extrêmement bien, pensa Balint. Elle joue la comédie, c'est obligé. À moins que… Peut-être n'est-elle pas au courant. Mais oui. La nouvelle s'était vite répandue à l'hôpital mais qui aurait pu s'y intéresser à la bibliothèque ? Sans doute Amanda était-elle la seule à connaître Warren Sugarman. Avant ce jour, tout du moins. Il écoutait sa femme expliquer comment passer des fractions aux nombres décimaux, de plus en plus convaincu qu'elle ne faisait pas semblant.

Balint avait travaillé 12 heures, son estomac criait famine. Il ne pouvait pas en vouloir à sa femme pour le dîner mais il était irritable. Quand il ouvrit le frigo et ne trouva rien qui puisse le faire tenir jusqu'au repas, il fut pris d'un élan de cruauté.

– On a passé une journée épouvantable à l'hôpital. J'imagine que tu es au courant pour Sugarman.

– Quoi, Sugarman ? demanda Amanda en le regardant dans les yeux.

Balint passa en revue le courrier, s'obligeant à garder un air naturel.

– Pourquoi me parles-tu de Sugarman ? insista-t-elle. Il est arrivé quelque chose ?

– Ne me dis pas que tu ne sais pas.

– Mon Dieu, il est blessé ?

Il leva le nez de ses papiers, l'air contrit.

– Blessé ? Non… mort. Assassiné.

Le visage d'Amanda se crispa légèrement : ses sourcils se rapprochèrent et les muscles autour de sa bouche se contractèrent. Pour Balint qui la connaissait bien, il avait l'impression d'observer les derniers vestiges de la jeunesse quitter littéralement les traits de son épouse. Elle posa la calculatrice. Jessie comprit la détresse de sa mère et lâcha son crayon.

– Je ne te crois pas, dit Amanda.

Il continuait à trier son courrier.

– Pourquoi j'irai inventer une chose pareille ?

– Arrête… tu essayes de me torturer, tu me balances les choses à la figure. Si c'est une blague, Jeremy, ce n'est pas amusant. C'est à vomir.

– J'ai l'air de blaguer ?

Amanda ne le quittait pas des yeux.

– Jessie, s'il te plaît, va regarder la télé.

– Tu ne te sens pas bien, maman ?

– Non, ma chérie, ça va. Papa et moi avons besoin de parler. Entre adultes.

Leur fille ne protesta pas davantage. Une fois seule avec son mari, Amanda croisa les bras comme pour se protéger.

– Tu as fait quelque chose à Warren ?

– Moi ? Non. C'est l'Étrangleur à l'Émeraude.

Amanda avait l'air perplexe, ses joues étaient rouges.

– Tu te fous de moi, espèce de salaud !

Balint crut un instant qu'elle allait lui lancer quelque chose au visage – quelque chose de plus dangereux qu'un escarpin.

– Tu ne me crois pas ? Branche les infos.

Amanda se leva sans rien dire pour allumer la vieille télévision noir et blanc qu'elle avait héritée de son père. Elle passa de chaîne en chaîne et s'arrêta sur le journal de 18 heures. Sur l'écran, un reporter grisonnant en imperméable parlait depuis Meadow Court ; derrière lui, deux hommes transportaient une housse mortuaire hors de la maison de Sugarman.

– C'est impossible, murmura Amanda, le souffle coupé.

– Voilà, t'es contente ? dit Balint. Tu ne voulais pas me croire, je ne t'en veux pas. C'est vrai, on a rarement la chance de connaître la victime d'un serial killer. Ça va être compliqué au service des greffes…

Amanda éteignit la télévision.

– Ça ne va pas ? demanda-t-il.

Elle secoua la tête. Elle était pâle comme un linge. Elle ne pleurait pas, ne bougeait pas. Paralysée par le chagrin, le dos appuyé contre le plan de travail, elle regardait dans le vide. Si elle avait laissé exploser sa colère, qu'elle s'était effondrée en larmes, Balint aurait davantage savouré sa vengeance. Mais son esprit ne savait pas comment réagir face à l'agonie catatonique de son épouse, cette émotion lui était complètement étrangère, et plus elle restait prostrée, moins il prenait de plaisir à goûter sa victoire. Ce court laps de temps – avant que sa femme reprenne une contenance et se renseigne sur les funérailles de Sugarman – fut le seul moment pendant lequel Balint sentit qu'il avait mal agi.

Les jours suivants furent les plus compliqués. Jusqu'à présent, il n'avait eu aucun lien avec ses victimes. Tant que personne ne le voyait entrer ou sortir de leur maison, qu'il ne laissait pas d'indice sur les scènes de crime, les autorités n'avaient aucun moyen de remonter jusqu'à lui. Pour Sugarman, c'était différent : il était intimement lié à lui. Une enquête superficielle révélerait plusieurs mobiles de crime. Malgré toutes ses appréhensions, la police et les médias considéraient l'assassinat de Sugarman comme l'acte d'un fou qui avait frappé une fois de plus au hasard. On rapporta les détails du crime et on salua la carrière médicale de la victime ; on ne mentionna pas le divorce en cours, ni les nombreuses maîtresses, ni le chien découvert mort sept mois plus tôt dans ses rosiers.

Dans les heures qui suivirent la découverte du cadavre, le shérif Spitford établit un centre de commande dans un camion garé en face de la maison de

Sugarman. Ses adjoints frappèrent à toutes les portes des alentours en quête de témoins. Maintenant, à travers toute la métropole new-yorkaise, l'intérêt porté à l'affaire cédait à la panique générale. Les familles se regroupaient afin de ne plus laisser seules les personnes âgées ni les jeunes célibataires. Les autorités amplifiaient le phénomène d'anxiété en envoyant des e-mails d'alerte pour dispenser des conseils de sécurité. Des groupes de vigilance sur le modèle de celui d'Henry Serspinsky, se multiplièrent dans les résidences et les banlieues dortoirs. Des experts autoproclamés en crimes non résolus y allaient tous de leur petite idée. Ils faisaient appel à des algorithmes mystérieux pour déterminer le lieu des prochains meurtres : selon eux, ils se produiraient dans des endroits aussi variés que la banlieue d'Albany ou sur les marches de l'immeuble Chrysler. Tous semblaient persuadés qu'un prochain crime aurait lieu. Personne n'émettait l'hypothèse que le coupable puisse se reposer sur ses lauriers et prendre sa retraite. Un site britannique proposait même des paris en ligne concernant l'âge, la catégorie sociale, le lieu d'habitation ou encore les revenus des futures victimes.

L'enquête piétinait et les médias reportèrent leur attention sur d'éventuelles tensions au sein des forces de police. Un délai de plusieurs jours s'écoula avant que le shérif Spitford soit invité à rejoindre le groupe d'intervention de l'inspecteur Putnam, alimentant les rumeurs de discorde. Putnam et Mazzotta voulaient orienter les recherches vers la quatrième victime, dont le corps était toujours manquant tandis que Spitford doutait de l'existence de ce cadavre aux quatre rubans. Lors d'une conférence de presse, il avait déclaré : « Je ne vais pas me lancer à la poursuite d'une hypothétique victime. Cette histoire de ruban est une mauvaise blague. Je suis prêt à parier que l'assassin doit bien se marrer en ce moment. » Putnam et Mazzotta n'étaient pas convaincus ; selon eux, les sociopathes n'avaient pas le sens de l'humour. Isabel Crosby, de *Trenton Today*, affirma que le shérif et les fondateurs du groupe d'intervention étaient en froid – les parties concernées nièrent avec véhémence. Crosby annonça par ailleurs que la sénatrice Veronica Sanchez-McCord, en dépression, suivait une thérapie par électrochocs dans une clinique privée.

Dans le respect de la tradition juive, l'enterrement de Warren Sugarman eut lieu le lendemain de la découverte de son corps. La veille au soir, peu après 11 heures, le téléphone de Balint avait sonné. Amanda réconfortait Phoebe qui venait de faire un cauchemar. Le répondeur se mit en marche. Quand il entendit la voix de stentor de Bruce Sanditz, il se précipita dans la cuisine pour répondre. Son supérieur ne l'avait jamais appelé chez lui – encore moins au milieu de la nuit.

– Excusez-moi, j'étais occupé, s'excusa Balint.

– Je suis content de ne pas vous avoir réveillé, répondit Sanditz. Vous avez une minute ?

– Pour vous, j'ai tout mon temps. Que se passe-t-il ?

À travers la cloison, il entendait Amanda lire une histoire pour endormir Phoebe.

– Il me semble que Warren Sugarman et vous étiez bons amis, je me trompe ?

Balint eut un haut-le-cœur.

– En quelque sorte, concéda-t-il.

– Formidable. Parce que j'ai besoin d'un discours pour la cérémonie de demain, annonça le directeur.

J'ai accepté de coordonner les interventions pour faire plaisir à Jeanine – ils étaient sur le point de se fiancer – mais j'ai un mal fou à trouver des personnes qui acceptent de dire quelques mots. Pour l'instant, j'ai Myron Salt, en neurologie. Je peux compter sur vous demain ?

– Moi, vous êtes sûr ? demanda Balint. Pourquoi pas un chirurgien ?

– J'ai déjà essayé. Ils ont tous dit non. Je ne l'avouerai jamais devant Jeanine mais cet homme avait plus d'ennemis que je n'aurais cru. Alors, vous voulez bien m'aider ?

Balint accepta. Il n'avait pas le choix. Malheureusement, prendre la parole en public n'avait jamais été son fort et il resta éveillé quatre heures de plus à griffonner les points qu'il pourrait évoquer. D'éloges en platitudes, il peinait à trouver l'inspiration et maudissait l'âme de Sugarman : du fond de sa tombe, ce salaud devait bien se marrer. Le lendemain, à 10 heures, à l'auditorium de Sewell, Balint avait les yeux injectés de sang. Selon le programme, la cérémonie serait suivie d'un enterrement à Elizabeth Lakes.

L'affluence le stupéfia. Pour un homme peu apprécié, Sugarman attirait les foules – sans doute y avait-il une part de curieux dans le lot. Balint reconnut de nombreux collègues, Andy Price, en hématologie, Sid Crandall, endocrinologue, même le Dr Liao, pneumologue taïwanaise qui l'avait remplacé au dispensaire du rabbin. Il y avait également des visages qu'il n'avait pas vus depuis des années : Allan Drevitz, chirurgien à la retraite, qui avait dirigé le programme de greffes avant Pastarnack ; un médiateur social à la voix de fausset qui avait pris sa retraite quand

Balint était interne. Il ne reconnaissait pas la plupart des autres personnes en deuil – dont une forte proportion de jeunes femmes ravissantes. À la demande de Sanditz, Balint et Amanda s'étaient assis au deuxième rang. Myron Salt et sa dernière épouse – bien plus jeune que lui – à leur droite. Au premier rang, le rabbin Steinhoff conversait avec Gloria Sugarman-Picardo. Le fils du défunt chirurgien se tortillait sur sa chaise et tirait sur sa cravate. Juste devant Balint, la fille du directeur pleurait silencieusement sur l'épaule de sa mère.

– Je ne savais pas que Sugarman avait autant d'amis, dit-il à Amanda.

Sa femme le regarda l'air ahuri.

– Il y a beaucoup de choses que tu ne sais pas. Ça doit être difficile à concevoir pour toi.

Amanda ne semblait pas en colère, seulement épuisée. Elle lui avait à peine parlé depuis l'annonce de la mort de son amant. Balint envisagea de poser sa main sur la sienne, mais il redoutait qu'elle ne la retire. Il ne voulait pas la contraindre à une réconciliation prématurée.

À 10 h 05 précises, Steinhoff monta devant le lutrin et accueillit l'assemblée en deuil. Pour une fois, il n'avait pas l'air pressé, son téléphone était rangé. Il proposa une prière, en anglais et en hébreux, puis laissa la place à Bruce Sanditz. Comme si on lui avait lancé une patate chaude, le directeur eut tôt fait de passer le micro à Myron Salt. Balint regarda le programme de plus près. Il passerait en dernier, on le présentait comme « l'ami d'une vie ». Il écouta Myron Salt raconter des souvenirs d'enfance dans le comté de Bergen : le jour où ils avaient attrapé un oiseau et l'avaient mis dans le tiroir du bureau de leur maître, ou encore les nuits passées sur le canapé de Sugarman, notamment après chacun des divorces de Salt. Avec de telles histoires, les anecdotes de Balint sur l'esprit collégial et les qualités professionnelles du défunt seraient tout à fait hors de propos. Il aurait aimé avoir Dalila à ses côtés pour le soutenir, plutôt qu'Amanda, si froide.

– Voici notre dernière contribution ce matin, annonça le Dr Sanditz une fois Salt retourné à sa place. L'ami le plus proche de Warren, depuis le lycée et la fac de médecine, notre chef du service de cardiologie, le Dr Jeremy Balint.

Balint monta sur l'estrade. Les spots l'éblouirent un instant. Devant lui, à quelques pas, Jeanine Sanditz reniflait dans un mouchoir. Deux mètres plus à gauche, Gloria grimaçait. Amanda, elle, était inexpressive. Tout à coup, il réalisa toute la peine que Warren Sugarman avait engendrée, il voyait ces femmes trahies qui pleuraient ; Balint se dit qu'il avait bien fait d'agir. Voilà ce dont il voulait parler, de vengeance et de justice. À chaque seconde, le silence devenait plus pesant. Il sortit la feuille de sa poche de poitrine et la parcourut du regard ; puis il la mit de côté.

– Notre ami et collègue Warren Sugarman n'aurait pu être tué par quelqu'un d'autre que l'Étrangleur à l'Émeraude, déclara-t-il, parce qu'éliminer un monstre de bienveillance tel que Warren exigeait un esprit monstrueux et maléfique.

Il prenait confiance, sa voix s'amplifiait.

– Parfois, je disais à Warren en rigolant que, s'il avait été catholique, on aurait pu le canoniser. Sa réponse était invariable, je ne devais le dire à personne. Parce que sa modestie et sa profonde humilité l'empêchaient de faire étalage de ses actes de générosité. Vous vous rappelez certainement son voyage au Pérou l'an dernier. Mais combien savent que Warren a fait don, aux cliniques de Lima, de l'argent qu'il avait gagné en faisant des conférences pour l'industrie pharmaceutique ?

Personne, bien entendu, puisqu'il n'avait jamais fait de don à ces cliniques. Pas plus qu'il n'avait invité des clochards à dormir sur son lit à l'internat, après les avoir soignés. Pendant près d'une demi-heure, Balint débita les bonnes actions de son rival – ses dons de moelle osseuse qui avaient sauvé plusieurs vies, les heures de bénévolat à écrire sous la dictée de médecins aveugles, tous ces cours à Columbia qu'ils avaient séchés pour aller servir des soupes dans le South Bronx.

– Les indigents et les opprimés ne pouvaient avoir meilleur allié que Warren Sugarman.

Le portrait de la victime était des plus absurdes mais personne n'était en mesure de protester.

– Peu avant sa mort, Warren avait l'intention de faire don d'un rein à un étranger. *Que veux-tu que je fasse d'un deuxième rein ?* me disait-il. Comme nous le savons tous, Warren n'aura pas eu le temps de réaliser ce vœu ; j'aime penser qu'il s'est déjà inscrit sur une liste de donneurs là-haut, au paradis.

À la fin de son éloge, Balint était si ému par ses propres mots qu'il dut essuyer quelques larmes.

Gloria le remercia pour ses gentilles paroles, Jeanine Sanditz lui assura qu'il avait su restituer l'essence de l'homme qu'elle avait connu et aimé. Etan Steinhoff lui tapota le dos et lui rappela qu'il ferait un formidable rabbin. Balint reçut des poignées de mains et des embrassades de la part de dizaines d'inconnus.

L'enterrement fut plus intime. Seuls quelques amis suivirent le cercueil jusqu'au cimetière. La température était tombée en dessous de zéro. Steinhoff lut les textes de la Torah, le *Kaddish* et le *Chema,* puis le vingt-troisième psaume. Balint jeta une pelletée de terre à son tour. À 14 heures, le corps était enseveli et chacun rentra chez soi.

Pendant le trajet, Amanda ne prononça pas un mot. Balint avait peur qu'elle n'ait vu clair dans les propos élogieux qu'il avait tenus sur son amant – elle pourrait même penser qu'il s'était moqué. Mais le temps jouerait en sa faveur. Son ennemi ne pouvait plus rivaliser. Maintenant que la compétition était terminée, il était prêt à reconstruire son mariage.

*

Amanda avait demandé à bénéficier d'un jour de deuil à la bibliothèque mais Balint comptait voir des patients dans l'après-midi. Il arrêta la voiture devant la maison et attendit que sa femme descende.

– Tu fais quoi ? lui demanda-t-elle.

– Je te dépose. J'ai un patient à 16 heures.

Elle réfléchit un instant puis dit :

– Tu veux bien rentrer avec moi ? J'aimerais qu'on parle.

– Ça ne peut pas attendre ce soir ?

– Non.

Balint coupa le moteur et la suivit à l'intérieur. Il avait bien senti que son discours lui avait déplu mais ne comprenait pas pourquoi leur discussion ne pouvait attendre quelques heures. Amanda désactiva l'alarme et accrocha son manteau dans le placard. Elle monta dans leur chambre et s'affala sur le lit. Il resta debout face à elle, adossé au vélo d'intérieur. Les volets étaient à peine remontés, une lumière pâle emplissait la pièce.

Il prit les devants.

– Si ce sont mes propos à la cérémonie qui t'ont choquée, tu dois savoir que j'ai fait de mon mieux, en un temps record.

– J'aimerais que tu fasses quelque chose pour moi. C'est très important.

– Tout ce que tu voudras.

Elle avait les yeux rivés sur ses propres mains. Balint entendait à peine sa voix.

– J'aimerais que tu quittes la maison.

Il ne s'attendait pas à cela. Il s'appliqua à garder son calme – comme les rares fois où un patient avait fait une crise cardiaque dans son cabinet.

– Tu es bouleversée, et tu en as sans doute le droit. Mais es-tu bien sûre de vouloir que je parte ? Je t'en prie, Amanda. Neuf ans, c'est long. Prends le temps de réfléchir, tu verras peut-être les choses autrement.

– Je ne suis pas bouleversée, Jeremy. Bien que j'aie parfaitement le droit de l'être. Et j'ai déjà pris le temps de réfléchir. Si tu tiens un peu à moi – ou non, peu importe – je veux que tu fasses tes valises.

Un frisson le parcourut de la tête aux pieds. Ses yeux affolés balayaient la chambre qu'ils avaient partagée depuis bientôt dix ans. Sur le tapis devant les étagères, la valise de sa femme, qu'elle n'avait pas fini de ranger depuis Disney World. Sur sa table de nuit, un napperon au crochet inachevé. Au moment même où Balint avait réussi à supprimer ce qui faisait obstacle à leur amour, sa femme le quittait – c'était impossible.

– Je peux savoir pourquoi ? demanda-t-il.

– Si les éloges que tu as prononcés aujourd'hui sont faux – ce dont je suis persuadée – alors tu es un sale con et j'ai honte d'être ta femme. Si ce que tu as dit est vrai, si Warren menait réellement cette double vie, qu'il était du genre à faire don de sa moelle osseuse, ça me montre justement que je suis mariée à la mauvaise personne. Je ne t'aime pas, Jeremy. C'est aussi simple que ça.

– Tu veux dire que tu n'es plus amoureuse de moi. Ça peut arriver. Surtout après sept, huit, neuf ans, notre couple doit évoluer.

– Tu ne m'écoutes pas Jeremy. Je ne suis plus amoureuse de toi, c'est vrai. Mais je te dis autre chose : je ne t'aime plus. Un point c'est tout. C'est triste, mais ça fait longtemps que je ne t'aime plus... Si Warren n'avait pas été là, je t'aurais quitté depuis une éternité.

– Warren ?

– Ne fais pas semblant, d'accord ? J'en ai assez de jouer la comédie. Tu sais parfaitement que j'avais une liaison avec Warren et je sais que tu baises une infirmière – si je ne t'ai rien dit avant, c'est parce que Warren me l'avait demandé. Pour Gloria, avant qu'ils se séparent, ensuite pour son fils. Maintenant, dit-elle en se levant du lit, tu comprends pourquoi il est préférable que tu partes.

– Ce serait à moi de partir ? C'est toi qui baisais Sugarman et c'est moi qui devrais partir ? Ce n'est pas très logique.

La colère était montée d'un cran. Il tapait du poing dans sa main.

– Comme tu voudras, répondit Amanda calmement. Je déménage et toi, tu conduis Phoebe au violon, tu achètes les glaces préférées de Jessie, tu appelles la compagnie des eaux le mois prochain pour mettre en route l'arrosage automatique. T'as une idée de ce que ça veut dire s'occuper d'une maison ? Tu sais préparer tes papiers pour le comptable ? Quand dois-tu faire ramoner la cheminée pour ne pas mettre le feu à la maison ? Je parie que tu ne connais même pas le nom des maîtresses de tes filles !

– Madame Duncrest et Mademoiselle Grossman.

– Raté, c'était l'année dernière. Tu n'as pas la moindre idée de ce à quoi ressemblent mes journées à la maison. Mais si tu as envie d'essayer, je t'en prie, faut pas te gêner !

Balint comprit que son avenir dépendait de ce qu'il allait dire. Elle ne changerait pas d'avis, il devrait continuer sans elle. Sa proposition flottait encore dans l'air, comme un cadeau empoisonné. Balint se sentit glacé de la tête aux pieds.

– Tu as gagné, je m'en vais, murmura-t-il.

– Pardon ?

– Je m'en vais.

Amanda prit son sac à main.

– Je vais chercher tes filles à l'école et je les emmène à *Animal Palace* pour dîner. Je te demanderai de ne plus être là à notre retour.

– Tu ne veux quand même pas que je parte maintenant ? Je vais aller où ?

Elle s'avança jusqu'à la porte.

– Où est-ce que tu vas quand tu nous racontes que tu donnes tes conférences ? Tu n'es pas bête, Jeremy, tu sais très bien rouler les gens dans la farine, alors je suis sûre que tu trouveras une solution.

Amanda disparut dans le couloir, le laissant seul dans la chambre remplie d'ombres.

– Et les filles ? s'écria-t-il. Tu vas leur dire quoi ?

Elle était déjà partie.

S'ensuivit la plus longue minute de toute sa vie. Balint regarda la pièce sans bouger. Il ajusta sa pensée à la nouvelle situation et fit ses bagages. Avait-il le choix ? Il allait louer une chambre au motel de Hager Heights le temps de trouver un appartement. Une fois bien installé, il tuerait de nouveau. Quel gâchis. Quelle calamité. Mais il était trop tard pour changer le cours des choses. Même si son mariage était ruiné, il serait obligé de sacrifier encore deux vies.

12

Depuis le début, Balint avait compris qu'il devrait tuer à six reprises – sept en comptant le double meurtre des Rockingham. Trois avant Sugarman et deux autres ensuite. S'il s'arrêtait à Sugarman, la police risquait de se focaliser dessus. S'il continuait, il espérait qu'elle ne comprendrait jamais quelle était la véritable cible de l'Étrangleur à l'Émeraude. Cependant, l'idée d'avoir à tuer encore lui pesait. Assassiner des étrangers en amont de son rival lui avait fortement déplu, ajouter deux autres victimes lui semblait aujourd'hui un fardeau insensé. Néanmoins, Balint s'attela à la tâche. Il y pensait encore au moment de réserver sa chambre d'hôtel pour sept jours – et non trois heures comme d'habitude, ce qui ne manqua pas de surprendre le veilleur de nuit. Il ne fallait pas brûler les étapes. Même si Amanda avait fait le mauvais choix, il ne devait pas se montrer négligent. C'est pourquoi il avait assuré ses deux rendez-vous professionnels de l'après-midi, malgré l'envie de noyer ses déboires dans l'alcool.

Une fois installé dans une chambre spartiate, la 101, Balint appela Dalila et lui demanda s'ils pouvaient se voir. Rapidement. Sa maîtresse devait assurer le service de nuit à l'hôpital mais comme il insista, elle demanda à être remplacée. Une heure et demie plus tard, elle poussait la porte de sa chambre. Balint montra une joie débordante, qui trahissait la demi-bouteille de whisky qu'il venait d'ingurgiter. Il l'avait rapportée de chez lui – son ancien chez-lui. Les meubles commençaient à tournoyer dans la pièce.

Sous ses longs cheveux noirs de jais, le visage de Dalila rayonnait. Son manteau lui arrivait aux genoux, accentuant ses courbes.

– Tu es ravissante, dit Balint.

– Oh mon Dieu, Jeremy, tu es complètement saoul.

Honteux, il posa son verre.

– Juste éméché.

Dalila jeta son manteau et son écharpe sur le lit. Elle s'approcha de lui avec un empressement tout professionnel : elle éloigna le verre et la bouteille, insista pour qu'il retire ses chaussures et ses chaussettes.

– Tu as besoin d'une tasse de café bien noir et d'une bonne douche froide, préconisa-t-elle.

– On peut parler d'abord ? S'il te plaît. Il s'est passé quelque chose.

Dalila regardait Balint et la cafetière à tour de rôle. Elle finit par le pousser sur le lit et s'allonger contre lui, et vint enfoncer son visage dans son cou ; Balint en fut soulagé.

– Je me fais du souci pour toi, chéri. Fais-moi une promesse. La prochaine fois, appelle-moi avant de te mettre à boire, OK ?

– OK. Mais c'est arrivé si vite.

Dalila lui serra la main avec amour.

– Allez, dis-moi tout.

– J'ai peur que tu te fâches. C'est sûr, tu seras en colère. Et tu auras raison. J'ai tellement peur que tu me quittes.

– Alors là, ne compte pas sur moi, fit-elle d'un ton moqueur. Tu ne pourras pas te débarrasser de moi si facilement.

– Comment tu peux en être si sûre ? Si je te disais que j'étais un criminel de guerre ou l'Étrangleur à l'Émeraude ?

– Eh bien, nous en parlerions tous les deux. J'ai peut-être l'air doux et innocent comme ça mais je peux aussi être une sacrée tête de mule quand je veux, dit-elle en embrassant le creux de ses mains. Je t'aime et même si je ne t'aimais pas, je te serais redevable de tout ce que tu as fait pour papa et moi. Je suis une tête de mule *réglo*. Maintenant, dis-moi quel est cet horrible secret qui va me faire partir en courant.

Elle ne l'avait pas quitté des yeux, n'avait pas lâché ses mains. Comme elle était différente d'Amanda, bien plus gentille. Meilleure sur le plan moral. Amanda l'avait rejeté et il en avait beaucoup souffert. Il aurait été bien plus heureux, toutes ces années, auprès de Dalila Navare. C'était l'évidence même : si sa femme ne l'avait pas épuisé, délaissé, humilié depuis si longtemps... il n'aurait jamais tué personne.

Cependant, il n'était pas sûr que Dalila lui pardonne. Il devait essayer.

– Je suis marié.

Impassible, Dalila attendait la suite.

– J'aurais dû t'en parler dès le premier jour. Mais tu étais si belle et ma relation avec Amanda était si chaotique – je ne sais pas comment tu vas pouvoir me pardonner. Je l'ai quittée ce soir. Je n'arrivais plus à mener cette double vie.

Dalila passa ses bras autour de lui et le serra fort.

– C'est juste ça ? demanda-t-elle.

– Oui, c'est déjà pas mal, non ?

– Certainement. Mais je le savais déjà.

La tête lui tournait. Il voyait moins flou mais les objets bougeaient encore un peu.

– Comment ça ?

– J'avais peur de t'en parler, moi aussi. Mais je m'en suis doutée parce que tu ne m'invitais jamais chez toi, et que tu ne m'as pas présenté tes parents...

– C'était si évident ?

– Un peu. Et puis, je me demandais comment un jeune docteur, aussi charmant, pouvait être célibataire. J'avais de sérieux doutes. Ensuite, j'ai lu dans le journal l'histoire de cette petite fille qui s'est noyée, et j'ai compris que ce Jeremy Balint ne pouvait être que toi. Le plus dur a été de ne pas t'en parler. Tu as dû être tellement sous pression et moi je ne pouvais pas t'aider.

– Sans le savoir, tu m'as aidé.

Il y eut un silence.

– Alors tu sais aussi que j'ai deux filles ?

– Je sais à peu près tout sur toi. Tu es formidable et je lis en toi comme dans un livre ouvert.

Il l'embrassa.

– Tu lis en moi...

– C'est comme ça avec les hommes sincèrement bons.

Dalila lui prit les mains.

– Je peux te demander quelque chose ?

– Je n'ai plus de secrets, promis, dit Balint.

– C'est vraiment toi qui as quitté ta femme ou bien c'est elle qui t'a mis à la porte ? Quelle que soit ta réponse, je t'aimerai tout autant, mais j'ai besoin de savoir la vérité.

Elle ne mentait pas. Elle l'aimerait autant.

– C'est moi qui l'ai quittée. Elle n'était pas particulièrement bouleversée par mon départ, mais plutôt par la mort de son amant. Il a été tué cette semaine. Ça ne paraît pas correct de partir dans un tel moment mais quand j'ai fait mon discours aux funérailles de cet homme, j'ai compris que je ne pouvais plus mener une double vie. J'espère que ça ne te donne pas une mauvaise image de moi.

– Ne t'inquiète pas. Je suis sûre que tu as fait les bons choix.

Elle se leva et prépara un café.

– … maintenant que nous nous sommes tout dit, il est temps de te dégriser.

– Mais je suis sobre, dit-il d'une voix traînante.

– Bah voyons ! Déshabille-toi.

Il batailla avec ses boutons de chemise. Elle s'en rendit compte et vint l'aider.

– Comment on va faire, tous les deux ? demanda-t-il.

– J'aimerais qu'on te trouve un appartement ou une maison dans laquelle je pourrais te rejoindre. On serait tous les deux. Ensuite, puisque nous jouons carte sur table, j'aimerais me marier avec toi. Dans une église, ou une synagogue – c'est sans importance.

– Tu savais ça aussi ?

– Je suis gentille, mon amour, pas idiote.

Elle continua à déboutonner sa chemise.

– J'ai entendu les spots publicitaires à la radio pour cette association juive. Je me suis souvenu que tu m'avais donné ton prénom en hébreu, Jeremiah. Et puis tu as refusé d'aller communier à l'église. J'ai mis les morceaux bout à bout et…

Elle posa la chemise sur le dossier d'une chaise et défit la boucle de sa ceinture.

– Mais ça, c'est ce que moi je veux. Pour danser, il faut être deux.

Balint se fit la réflexion que ce n'était pas le genre de décision à prendre quand on était ivre, ou éméché.

– Je suis partant, j'aime danser.

– On verra quand tu auras dessaoulé. J'aurais tellement voulu que papa puisse vivre ce moment. Il t'aimait beaucoup. Il ne te l'aurait jamais dit en face – il préférait cacher son jeu – mais dès notre premier rendez-vous, il a compris que tu étais honnête. C'est un vrai compliment de sa part. Il avait ce don pour cerner la personnalité des gens.

– Je vois.

Balint était nu. La tête lui tournait encore. Maintenant qu'il avait tout dit – ou presque – à Dalila, il s'en voulait d'avoir tant bu. La jeune femme le tira jusque dans la salle de bains et fit couler l'eau de la douche. Ensuite, elle se déshabilla.

L'expression de Balint dut révéler son étonnement car elle dit :

– Tu es capable de ne pas te laver. Tu ne pensais pas que j'allais te faire confiance ? Pas le premier jour de notre vie commune.

Ils s'embrassèrent.

– Je te demanderai une seule chose, Jeremy. Plus aucun secret. Si tu es capable de me promettre ça, je serai toujours avec toi.

Il aurait aimé la croire. Mais les meurtres se mettraient toujours entre eux.

– Aucun secret. C'est promis, répondit-il.

*

Le lendemain matin, Balint traînait un mal de tête dû à l'alcool et au stress. Il devait faire face à une série de tâches désagréables : annoncer sa rupture à ses parents, engager un avocat pour le divorce, louer une maison. Il devait également tuer deux autres personnes. Il venait d'arriver à l'hôpital et pensait qu'il lui faudrait passer au lac Shearwater en fin d'après-midi pour récupérer quelques longueurs de ruban quand il tomba sur Etan Steinhoff. Il parlait au téléphone en hébreu – sur le ton d'un commandant plutôt que d'un rabbin – et faisait les cent pas sur le tapis du hall de cardiologie. En apercevant Balint, Steinhoff mit fin à la conversation.

– J'étais dans le quartier, dit le rabbin. Je rendais visite aux malades et j'ai voulu passer vous voir. Je ne vous dérange pas ?

– De toute façon, vous êtes là.

Balint l'invita à le suivre. La porte fermée, le rabbin dit aussitôt :

– Amanda m'a téléphoné ce matin. Elle m'a tout expliqué.

– Vraiment ? Elle vous a tout dit ?

– Vous avez décidé de vous séparer, au moins quelque temps. Mais apparemment, rien n'est gravé dans la pierre.

– Presque rien… À part les épitaphes sur les pierres tombales, ironisa Balint.

Il suspendit son manteau dans un placard.

– Votre jeu de mots est de mauvais goût... Enfin, je me suis dit que vous auriez besoin de réconfort. Je suis là en tant que rabbin mais aussi en tant qu'ami.

– C'est très gentil mais je vais bien.

Il s'écarta de la porte pour inviter le rabbin à partir.

– Si vous deviez avoir un contrecoup, ma porte vous sera toujours ouverte. Vous êtes sans doute très occupé, Jeremy, mais tout le monde a le droit d'avoir des faiblesses.

Il lui adressa un hochement de tête entendu sensé le rassurer.

– Sans doute mais je n'éprouve aucune difficulté, dit Balint en s'asseyant à son bureau. Ça faisait des années que je ne m'étais pas senti si bien. Je ne savais pas que le divorce me donnerait un tel sentiment de liberté. Vous devriez essayer. À moins que vous ne vouliez trouver une maîtresse, je pourrais vous arranger un rendez-vous avec une patiente...

L'index sur les lèvres, Steinhoff s'efforçait de trouver une réponse adéquate.

– Vous êtes sous le choc, dit-il enfin. Je ne vais pas insister. Si vous voulez me parler, vous savez où me trouver.

Il se leva et regarda autour de lui, évitant manifestement le regard de Balint.

– Puisque nous sommes là, continua le rabbin, je voudrais m'assurer que vous êtes prêts à conserver votre engagement dans le projet Cain – que le choc de votre séparation ne vous empêche pas de continuer.

Nous y voilà. Le rabbin craignait qu'en abandonnant Amanda, Balint ne quitte le navire.

– À vrai dire, je ne l'avais pas envisagé mais maintenant que vous en parlez, je risque de me retrouver dans une situation personnelle très tendue.

La déception se lisait sur le visage du rabbin.

– Mais rien n'est moins sûr. Comment avance le projet d'ailleurs ? Vous avez empêché combien de crimes ?

– Nous n'en sommes pas là, répondit Steinhoff, apparemment soulagé d'aborder un sujet plus facile. Notre objectif est d'empêcher des crimes *à l'avenir*. Quand ces enfants deviendront des adolescents.

Balint fronça les sourcils :

– Vous avez certainement déjà empêché quelques crimes.

– C'est possible, on ne sait jamais.

– Comment ça, vous ne faites pas de statistiques ?

Steinhoff virait à l'écarlate.

– Notre projet se porte à merveille. Nous avons suscité l'enthousiasme au sein de la communauté. Pour l'instant, c'est l'essentiel.

Balint avait l'esprit plus clair. Taquiner le rabbin l'avait aidé à faire passer sa gueule de bois.

– J'en suis ravi. Mais vous aurez peut-être du mal à garder cet élan, il faudrait avoir de meilleurs résultats.

Le téléphone du rabbin sonna sur l'air de l'Hatikvah[1].

– Je dois y aller, dit Steinhoff.

– Une dernière question…

– Oui ?

1. Signifie « espoir » en hébreu. Hymne national d'Israël depuis sa création en 1948.

– Je me demandais... vous croyez que le projet Cain aurait pu faire la différence dans le cas de l'Étrangleur à l'Émeraude ?

– J'aimerais le penser. Avec de meilleures rencontres, j'aimerais penser que n'importe quel enfant peut être sauvé d'une vie de chaos et de violence.

– Est-ce que Cain permet les bonnes rencontres ?

– J'en suis persuadé, dit le rabbin. Si l'Étrangleur était passé par nous, il serait devenu un citoyen remarquable.

– Il serait peut-être docteur ou rabbin ?

– Pourquoi pas ?

– Vous avez raison. Si je le croise dans la rue, je lui proposerai une visite gratuite au dispensaire.

Le rabbin lui serra la main.

Dès qu'il fut parti, Balint appela Dalila.

– Comme je suis sobre, je peux t'annoncer que j'ai toujours envie de t'épouser. Et je serai ravi de le faire dans une église – je sais à quel point ça compte pour toi.

*

La vieille dame sénile et aveugle qui s'était trompée dans sa prise de médicaments le soir où Balint avait eu son premier rendez-vous avec Dalila, revenait consulter en fin d'après-midi. Heureusement, cette fois, madame April venait en compagnie de son fils. La consultation de routine se déroula normalement. Balint écouta son cœur et ses poumons, palpa son abdomen, vérifia que ses chevilles n'étaient pas enflées puis jeta un œil sur ses derniers écho – et électrocardiogrammes.

– J'ai une bonne nouvelle : la fraction d'éjection de votre ventricule gauche s'est stabilisée. Mais votre tension est un peu élevée.

– C'est sans doute à cause du stress, commenta son fils. Mon jeune garçon a traversé une année difficile. La police l'a arrêté parce qu'il a tué des animaux et maman a beaucoup de mal à l'accepter. Jared a toujours été son petit-fils préféré.

– Il a tué des animaux ?

– C'est une longue histoire. Dans notre quartier, il y a une femme un peu folle, je dirais même vicieuse, qui avait deux bergers allemands qui terrorisaient tout le voisinage. Ils faisaient peur aux enfants, attaquaient le facteur. Complètement cinglés. L'été dernier, l'un d'eux a mordu ma petite fille. Jared a voulu protéger sa sœur et a frappé l'animal avec un couteau. Je ne dis pas que c'était la meilleure solution mais le chien l'avait cherché.

– Je vous comprends, dit Balint.

– Malheureusement la police n'est pas de cet avis. Ils l'ont arrêté parce qu'il avait tiré sur des écureuils avec un pistolet à plombs – comme n'importe quel gamin de onze ans – et tout à coup, on l'accuse d'avoir tué des chats et des chiens à travers la moitié de l'État. Ils le soupçonnent même d'avoir rendu aveugle un cheval à Catskill. Ils n'ont pas cherché à savoir comment il aurait pu aller seul jusque là-bas. On est tous bouleversés par ces événements.

Balint avait oublié l'histoire du gamin accusé de meurtre pour le chien du voisin de Sugarman. Comme c'était étrange, se dit-il, les roues du destin continuaient à tourner même quand il n'y prêtait pas attention.

– Je suis désolé que vous soyez passé par toutes ces épreuves, dit Balint. Tout ce que je peux vous dire, c'est que la vie est pleine de surprises. Tout vous semble aller mal pour l'instant mais il faut garder espoir. Je suis sûr que votre fils s'en remettra et repartira du bon pied. Ayez confiance.

– Si seulement vous pouviez avoir raison, dit madame April.

– En attendant, madame, dit Balint. Je vais vous prescrire un médicament pour faire baisser votre tension.

Il rédigea l'ordonnance. À 18 heures, il avait quitté l'hôpital et prenait la direction d'Hager Heights. Il se dit qu'il aurait le temps d'aller voir ses parents, puis de se rendre au lac avant d'embrasser ses filles et leur souhaiter bonne nuit – réalisant aussitôt qu'il ne pouvait plus retourner chez lui. Le matin même, il avait parlé à Amanda au téléphone ; ils s'étaient mis d'accord pour que lui les prenne les samedis et dimanches après-midi – les appeler chaque soir risquerait de les perturber. Une fois qu'il serait mieux installé, ils pourraient en reparler. Balint fut étonné qu'ils tombent si vite d'accord. Malgré tous ses défauts, Sugarman avait eu raison sur un point : avec Amanda, ils s'entendaient bien pour élever leurs filles. Et maintenant que son rival était mort et son mariage anéanti, Balint ne parvenait cependant pas à nourrir de colère envers sa future ex-femme.

Il pénétra dans le parking d'Hager Estates peu après la tombée de la nuit. L'éclairage public projetait une lumière rosée sur l'alignement de duplex tous identiques. Les affiches pour les prochaines législatives reproduisaient les mêmes candidats à l'infini. Il se gara en face de la maison de ses parents et sonna à la porte. Personne ne répondit. Il toqua. Après une longue attente, il utilisa ses clefs pour entrer.

– Maman ! Henry !

Il eut un mauvais pressentiment. Ses parents ne sortaient jamais la nuit. Sa mère acceptait de conduire mais seulement en journée et par beau temps ; son beau-père ne conduisait plus. Balint n'avait pas pris la peine de les prévenir étant donné qu'il était sûr de les trouver chez eux. Il arpenta chaque pièce de la maison sans succès et imagina soudain qu'on les avait tués – c'était ridicule et complètement parano. Quel sinistre pied de nez si un assassin décidait de le copier et tombait, au hasard, sur ses parents.

Il ne trouva aucune trace de lutte mais eut envie de décrocher son téléphone pour demander quoi faire à Amanda ; il le sortit de sa poche puis se ravisa, il était seul maintenant.

Balint s'assit sur le sofa pour réfléchir. Peu après, il entendit la porte d'entrée s'ouvrir. Il chercha quel objet saisir pour se défendre mais reconnut la voix de ses parents. Ils portaient tous les deux des tenues orange phosphorescentes de manière à être vus des automobilistes.

– Jeremy, quelle surprise ! s'exclama sa mère.

Elle le serra plusieurs fois dans ses bras et l'embrassa.

– Arrête tes papouilles, Lily, va plutôt lui chercher à manger. Il doit être mort de faim.

– Ne t'énerve pas, Henry, depuis quand je n'aurais plus le droit d'accueillir mon fils ? Si tu as peur qu'il tombe d'inanition, tu sais où se trouve le frigo.

À peine eut-elle prononcé ces paroles qu'elle disparut dans la cuisine. Moins d'une minute plus tard, elle revint avec trois tasses de café instantané, une assiette de bagels, du saumon fumé et des filets de hareng. Nous prenons un peu d'avance sur le petit-déjeuner[1] de demain. Tu préférerais que je réchauffe un morceau de poulet pour toi ?

– C'est très bien, maman.

Balint se servit du poisson.

– J'étais inquiet, vous ne sortez pas si tard d'habitude.

– Je suis désolée, tu n'as pas attendu trop longtemps ?

La bouche pleine de poisson, Balint fit non de la tête.

– Tu pensais que l'Étrangleur à l'Émeraude nous avait réglé notre compte ? demanda Henry.

Balint ne savait pas si son beau-père plaisantait.

– Ton père est le capitaine du groupe de vigilance, ajouta sa mère. Nous faisons ce que nous a suggéré la police. Nous rendons Hager Estates inhospitalier pour les tueurs en série.

– Si ça vous fait plaisir.

– Ça nous permet surtout d'être en sécurité, répliqua Henry. Dis-nous maintenant ce qui t'amène ici au milieu de la semaine. Quelque chose ne va pas ?

– Les filles vont bien ? demanda Lily.

– Si tu as des problèmes d'argent, nous ferons tout pour t'aider.

1. Le petit-déjeuner israélien peut se composer de salade, d'aubergines grillées, de tahina, de salade d'avocats, de cornichons, pita, fromage, café… et de harengs, entre autres poissons.

– Elles vont bien et je n'ai pas besoin d'argent. Je pense qu'il est mieux de tout vous avouer : Amanda m'a quitté.

Sa mère adressa un regard entendu à son mari – elle savait depuis longtemps que ce mariage était voué à l'échec.

– Tu crois qu'elle peut changer d'avis ? demanda Henry.

– Pourquoi essayer ? coupa sa mère. J'ai su dès le premier jour que cette fille n'était pas assez bien pour lui. Combien de fois t'ai-je dit, cette fille, c'est de la mauvaise graine, notre Jeremy est trop gentil pour s'en rendre compte.

– S'il te plaît, Lily ! Je ne comprends pas, vous avez essayé d'aller voir un conseiller conjugal ? On avait des voisins, les Lustgartens, qui nous parlaient tout le temps du leur. Ils avaient l'air toujours heureux.

Balint but son café à petites gorgées. Il avait appréhendé de leur annoncer la nouvelle mais, maintenant que c'était fait, il se sentait soulagé.

– Trop tard pour aller demander conseil, Amanda a un amant.

– Elle a osé ! s'écria sa mère.

– Depuis des années, avec un collègue à moi.

– Mieux vaut s'en apercevoir aujourd'hui que vingt ans plus tard. Comment une femme peut-elle faire ça à ses enfants ?

– J'espère que l'Étrangleur lui réglera son compte ! dit sa mère.

– Lily ! Tu n'as pas honte ! s'écria son mari.

– Je dis ce que je pense. Cette fille est l'incarnation du mal.

Balint coupa court en expliquant comment ils s'étaient arrangés avec Amanda. Il expliqua pourquoi c'était lui qui était parti, sans toutefois leur dire toute la vérité.

– Normalement, c'est elle qui aurait dû partir, mais quel genre d'homme peut mettre sa femme à la porte ? Je n'ai pas pu. C'est mieux comme ça.

– Des hommes comme toi, ça ne court pas les rues, dit sa mère. Ne m'en veux pas Henry, de dire ça devant toi, mais il tient de son père. Il n'avait qu'un seul défaut – paix à son âme : il faisait toujours passer les autres avant lui.

*

Malgré la météo agitée et l'heure tardive, Balint se rendit tout de même à Onaswego Hills. La chance était de son côté : tout s'était merveilleusement déroulé avec Dalila, puis ses parents. Il était décidé à en finir avec les deux prochains meurtres. Au cours du trajet, la radio passa deux fois son annonce pour le projet Cain. *Je suis le Dr Jeremy Balint, mon métier est de sauver des vies…*

De loin, le cabanon était comme avant. Il enroula un tissu autour de ses chaussures pour éviter de laisser des traces de pas. Une fois devant l'entrée, il remarqua d'autres empreintes dans la glace, qui avait dû fondre légèrement et regeler à plusieurs reprises. Quand il tourna la poignée, la porte s'ouvrit sans difficulté. Quelqu'un avait déverrouillé de l'intérieur. Un coup d'œil à la fenêtre lui fit comprendre que l'intrus était passé par là pour entrer.

Balint appuya sur l'interrupteur, l'ampoule était grillée. Heureusement, les lampes de la cuisine et de la chambre fonctionnaient.

Après inspection, il comprit qu'un squatteur y avait séjourné un moment. Le tapis devant l'entrée présentait des traces de boue. Les restes d'un petit animal se décomposaient dans l'assiette à côté de l'évier – une belette ou un blaireau. Dans la chambre, le matelas avait été mis par terre. Il se félicita pour son intelligence, un criminel quelconque aurait caché les rubans dans le sommier – et se trouverait aujourd'hui face au juge. Une fois de plus, Balint avait déjoué le sort.

Le squatteur avait fouillé les placards – il devait manquer quelques accessoires de pêche – mais il n'avait montré aucun intérêt pour les sous-vêtements féminins conservés dans le coffre. Bien que le cadenas fût brisé, le contenu n'avait pas bougé. Balint en sortit le ruban et le découpa en morceaux de soixante centimètres. Treize en tout. Il enroula les onze premiers et les rangea dans son portefeuille puis emporta les deux derniers dehors, les attacha à un bout de métal qui traînait et envoya le tout très loin au fond de l'eau.

Un pas de plus vers la victoire, se dit-il. Il y était presque.

La prochaine fois qu'il viendrait au lac, ce serait pour pêcher.

13

Balint et Dalila passèrent le week-end à visiter des maisons. Ils avaient décidé de louer – au moins le temps que le mariage soit prononcé et que leur situation économique se soit clarifiée. Le triangle Hager Heights-Laurendale-Pontefract, où ils désiraient s'installer, ne correspondait pas à deux jeunes tourtereaux. En effet, quand on décide d'emménager dans un tel quartier, c'est qu'on a l'âge d'avoir déjà des enfants et qu'on a eu le temps d'économiser assez d'argent pour prétendre à un crédit sur trente ans – les maisons en location pour un couple y étant plus que rares, leur projet serait difficile à réaliser.

Ils parvinrent cependant à visiter une maison à deux étages à Hager Park, propriété du consul équatorien, mais Balint ne se faisait pas à l'idée d'avoir un propriétaire avec une immunité diplomatique. Ils envisagèrent un appartement dans un luxueux complexe à Rolleston, mais les quarante minutes de trajet pour aller à l'hôpital furent rédhibitoires. Et puis, il préférait une maison pour que les filles puissent jouer dehors mais il relativisa en se disant que ces questions étaient accessoires parce que, après tout, ce logement serait temporaire. Dalila se montra aussi flexible et arrangeante que d'habitude.

– J'ai choisi le mari, dit-elle. Alors je peux te laisser décider du reste !

Il savait que sa seconde femme, contrairement à la première, ne lui en tiendrait pas rigueur s'il faisait de mauvais choix.

Dimanche matin, contre toute attente, il trouva la maison idéale. Un coup d'œil sur le site de l'agence et il était preneur – inutile d'aller voir sur place. Bien sûr, il connaissait déjà l'extérieur, car elle était située à deux pas de son ancienne maison, à l'angle de Bonaventure Lane. Il serait si proche de ses filles qu'elles pourraient passer chez lui en rentrant de l'école. En vérité, il voulait se venger d'Amanda pour avoir mis fin à leur mariage. Il était conscient qu'elle jugerait cette décision humiliante mais il ne trouvait aucune raison *rationnelle* pour y renoncer – que des raisons sentimentales. La modeste villa aux briques rouges et volets noirs appartenait à Sally Goldhammer – il avait appris que son mari était toujours dans un état végétatif. Balint imagina que la décision de louer, plutôt que de vendre, reflétait l'idée que cette femme était dans le déni. Ce n'était pas son problème. Tout ce qui importait était qu'elle avait mis sa maison en location, et que lui en cherchait justement une à louer.

Il ne ressentait pas une once de culpabilité, ni pour la mort de la petite Abby, encore moins pour le fait de louer leur maison. Il était malgré tout soulagé que Sally ait décidé de passer par une agence. Il n'aurait pas apprécié devoir traiter directement avec la pauvre Sally Goldhammer en deuil ; il était bien plus aisé de signer quelques formulaires avec un professionnel de l'immobilier. Dimanche midi, ils avaient déposé un chèque de caution et deux mois de loyer. Trois heures plus tard, ils quittaient le motel. En milieu de semaine suivante, ils recevaient les meubles de Dalila : la vraie vie à deux allait commencer. Neuf jours à peine s'étaient écoulés depuis sa séparation avec Amanda, tout juste douze depuis la mort de Sugarman. Il ne méritait peut-être pas de médaille pour ses choix éthiques, mais sa capacité à rebondir était remarquable.

Dalila se montra au-dessus des attentes de Balint pour toutes les affaires domestiques. Elle n'était pas aussi sophistiquée qu'Amanda, mettait la barre moins haut et s'en sortait admirablement. Pourquoi s'embêter à faire rôtir un poulet quand Gourmet Factory en vend des tout prêts pour 7,99 $? La différence la plus flagrante entre Amanda et Dalila était la liberté qu'elle lui procurait. Il n'était plus obligé de participer à des anniversaires ou à des œuvres caritatives pour faire plaisir à des gens qu'il ne connaissait pas. Dalila ne lui demanda pas une seule fois d'assister à un mariage ou à des funérailles.

Le samedi suivant, il partit chercher ses filles à pied. Il annonça à Amanda qu'il louait la maison des Goldhammer. Pour éviter l'esclandre, il avait demandé à Dalila de l'accompagner. Amanda accordait trop d'importance à l'image qu'elle donnait d'elle pour perdre son sang-froid devant une étudiante.

– Nous louons la maison au bout de la rue, j'ai pensé que ce serait bien pour les filles.

– Ne me dis pas que…

– Quelle importance ? De toute façon, je fais une fleur à cette femme, personne ne voudrait louer une maison à ce prix-là.

Amanda regardait tour à tour Balint et Dalila.

– Jeremy, comment peux-tu… tu ne te rends pas compte du mal que tu fais ?

– C'est très pratique, dit-il pour ne pas rentrer dans son jeu. Les filles peuvent passer quand elles veulent. Et c'est du court terme.

Amanda était en colère.

– Je n'ose pas imaginer tes plans sur le long terme. Si tu avais l'intention d'acheter la maison de Warren – ça ne m'étonnerait pas de toi… je te le déconseille vivement. Je te jure que je viendrais y mettre le feu, juste sous tes pieds.

– J'étudierai la question, répondit Balint.

Dalila n'ouvrit pas la bouche devant sa femme mais elle fit sensation avec les filles. Il avait craint qu'elles ne la rejettent mais, au contraire, elles l'assaillirent de questions sur son métier. Elle leur demanda de l'appeler par son prénom, ce qui ne manqua pas de les ravir.

– Elles sont adorables, comme toi, dit-elle.

Tout se passait à merveille, cependant Balint ne voulait rien laisser au hasard. Un soir, en sortant de l'hôpital, il entra dans une animalerie. Les odeurs fortes lui sautèrent au nez. Il se dépêcha d'aller vers les cages des chatons. D'après son expérience, les filles sont très sensibles au charme des petits félins. Personnellement, Balint n'avait jamais eu envie d'un animal – cela représentait beaucoup trop d'efforts pour si peu de récompenses… et puis ça puait. Mais il était prêt à sacrifier un peu d'air frais pour impressionner ses filles. Il avait jeté son dévolu sur un chat tigré marron et beige et se dirigeait vers la caisse pour négocier son prix quand il aperçut un magnifique teckel – le sosie du chien qu'il avait écrasé à Meadow Drive. Le chiot s'était mis à japper en remuant la queue : il lui fallait ce chien, tant pis pour les efforts supplémentaires que cela exigerait ! Dalila fut on ne peut plus surprise de le voir rentrer avec ce chiot de trois mois. Dans un dernier élan adressé à Amanda – le coup de grâce – il le prénomma Sugardog.

Phoebe et Jessie tombèrent aussitôt amoureuses du chiot. Il fallut plus de temps pour que Balint se fasse à la corvée du matin qui consistait à promener le chien à six heures. À cette occasion, il rencontrait régulièrement plusieurs voisins de plus en plus froids à son égard – certainement sous l'influence d'Amanda. Matilda Rothschild et Ellen Arcaya lui disaient à peine bonjour. Vicky Robustelli se sentait obligée de faire la conversation pendant que son beagle reniflait le derrière du teckel, mais elle jetait sans arrêt des coups d'œil inquiets autour d'elle. Franchement, Balint n'en avait rien à cirer si ces mégères prenaient le parti de sa future ex-femme. Il se rappelait à peine leur nom.

Une seule rencontre lui laissa un souvenir marquant.

Une semaine après avoir acheté Sugardog, il tomba sur Bonnie Kluger qui appelait un de ses chats devant chez elle. Elle tenait une coupelle de lait dans une main et une seringue dans l'autre. Elle portait une tenue en patchwork assez étrange, on aurait dit un bouffon tout droit sorti du Moyen Âge.

Balint pressa le pas sans la saluer. Il pensait lui avoir échappé lorsqu'il l'entendit s'écrier :

– Tu peux toujours courir Balint, mais tu pourras pas te cacher très longtemps !

Il aurait dû poursuivre son chemin sans se soucier d'elle mais il commit l'erreur de faire demi-tour.

– Qu'est-ce que vous avez dit ?

– Tu peux t'enfuir comme un voleur, dit Bonnie. Mais Dieu est témoin de tous tes actes.

– Je ne sais pas de quoi vous parlez.

– Dans cette rue, tout le monde sait de quoi je parle. Tu as tué cette petite fille, tu l'as laissé couler au fond de la piscine comme une vieille chaussette et maintenant tu as le culot de t'installer dans sa maison. Quelle honte ! Jeremy Balint.

– Je vous souhaite une excellente journée à vous aussi, Bonnie, répondit-il.

Sur le coup, il pensait s'en être pas mal sorti mais plus les jours passaient et plus la conversation lui trottait dans la tête. D'une certaine façon, cette femme parvenait toujours à lui donner le sentiment qu'il valait moins que rien. À plusieurs reprises, il rêva de l'étrangler. Il dut parler dans son sommeil car, un matin, Dalila lui demanda qui était Bonnie Kluger.

*

Durant les premiers mois où il vécut avec Dalila, Balint invoqua nombre d'excuses pour repousser les deux derniers assassinats. Beaucoup d'arguments étaient largement improbables ; il craignait, par exemple, qu'Amanda ait engagé un détective privé pour le suivre afin de récolter des éléments qui conduiraient à un divorce plus avantageux pour elle. La véritable raison qui expliquait les réticences de Balint était bien plus simple : il voulait prendre le temps de savourer son triomphe. Au fond de lui, il admettait que la victoire ne serait complète qu'après avoir utilisé les dernières longueurs de ruban – néanmoins, maintenant que Sugarman avait disparu de la surface de la terre, il lui semblait moins urgent de mener sa mission à son terme. Seulement lorsqu'il entendit l'inspecteur Putnam, au cours d'une conférence de presse, s'étonner que l'Étrangleur à l'Émeraude ait été « étrangement inactif ces derniers temps », Balint reconnut qu'il ne pourrait ajourner indéfiniment les deux derniers meurtres. Tuer à nouveau comportait des risques mais, à plus long terme, ne plus tuer s'avérerait encore plus risqué.

La diversité dont il avait fait preuve lors du choix des cinq premières victimes – tant en termes de lieu que de population – lui permettait une plus grande latitude dans le choix des dernières cibles. Il pourrait aller au nord de New York, ou jusqu'au Connecticut, sélectionner au hasard un nouveau quartier de la classe moyenne, ou bien s'aventurer dans le centre-ville de Newark ou Camden et étrangler un junkie. À la fin de la journée, Balint décida qu'il tâcherait de provoquer le moins de dégâts collatéraux possible. S'il avait été nécessaire de tuer un policier ou le PDG d'une des cinq cents entreprises les plus riches des États-Unis, il n'aurait pas hésité, mais en l'absence d'une telle obligation, rien ne l'empêchait de jeter son dévolu sur un individu d'une moindre valeur aux yeux de la société. C'est dans cet état d'esprit que, le mercredi suivant, alors que Dalila enchaînait deux gardes à la maternité de Rolleston, Balint atterrit dans une rue déserte de la ville de Jersey, à l'affût d'une prostituée.

Cette fois encore, il camoufla les plaques d'immatriculation de la Mercedes.

Balint avait une expérience très limitée en matière de travailleuses du sexe ; cela se résumait à une soirée plutôt tumultueuse, lors d'un enterrement de vie de garçon auquel il avait participé à la Nouvelle Orléans, en première année de médecine. Il était stupéfié par la facilité avec laquelle les putes de Garfield Avenue faisaient étalage de leur marchandise. Des femmes très légèrement vêtues et des travestis à la démarche fière cognaient sur sa vitre à chaque intersection. Malheureusement, malgré les températures négatives, les rues grouillaient de tapineuses et de clients. Par ailleurs, de nombreuses femmes semblaient travailler par groupes de deux ou trois ; même s'il en attirait une à l'écart, les deux autres seraient en mesure de l'identifier pour le dénoncer aux autorités. Tandis qu'il traversait le Quartier Rouge[1], il se disait qu'en tant que contribuable et père de famille, il ne comprenait pas pourquoi la police ne procédait pas à un grand nettoyage de ces rues.

Aux alentours de minuit, sur le point d'abandonner pour cette fois, Balint aperçut un panneau indiquant la gare routière : une nouvelle idée germa en lui. Dix minutes plus tard, il faisait le tour des rues à environ un kilomètre du terminal ; il n'osait pas s'approcher davantage de peur d'être filmé par des caméras de vidéosurveillance. Un jour, à la télévision, il avait regardé un reportage qui expliquait que les

1. Cette expression vient du Quartier rouge d'Amsterdam, qui est surtout célèbre pour ses vitrines équipées de lumières rouges où des femmes s'exhibent et vendent leur corps.

maquereaux se rassemblaient près des gares pour recruter des adolescentes qui avaient fugué. Pourquoi pas lui ? Après tout, à choisir entre sa compagnie et la protection d'un voyou, quelle adolescente ne se sentirait pas plus à l'aise avec un type blanc, la trentaine, au volant d'une Mercedes ? Une fois l'idée en tête, Balint se dit qu'il était bien idiot de ne pas y avoir pensé plus tôt.

La nuit était sombre et humide. Le quartier qu'il avait choisi était principalement constitué d'entrepôts et de garde-meubles, avec parfois une maison au milieu. Les risques étaient moindres de tomber sur des fêtards ou des promeneurs avec leur chien. Balint dépassa trois hommes portant des sweats à capuche sûrement en quête d'une voiture à voler. Il aperçut un sans-abri qui dormait dans un recoin mais dédaigna cette cible potentielle car, à cette distance, il ne pouvait pas raisonnablement en estimer la corpulence et, plus important encore, il ne pourrait être assuré que cette personne serait signalée disparue. La dernière chose que désirait Balint était d'assassiner quelqu'un qui ne soit pas découvert avant des semaines ou des mois. Cela n'aurait pas plus de sens que d'aller à la chasse au canard. Et puis il ne se voyait pas transporter le corps dans un endroit plus exposé. Il poursuivit donc son chemin…

Un lampadaire isolé illuminait l'angle d'une rue. Juste en dessous, se trouvait la cible la plus intéressante de toute la soirée : une adolescente maigrichonne avec un sac à dos. Elle devait avoir quinze ou seize ans. Il stoppa la Mercedes le long du trottoir.

– Tu as besoin d'aide ? demanda-t-il.

– Non merci, ça va, dit-elle en secouant la tête.

– Je peux te déposer quelque part si tu veux. Il y a une auberge de jeunesse en ville, si tu cherches un endroit pour la nuit. Je suis docteur, je m'appelle Jeremy Balint de l'hôpital de Laurendale, je fais partie du Programme de Sensibilisation des Adolescents. Je peux te montrer ma carte d'identité…

La jeune fille le regarda avec attention. Il sortit son badge de l'hôpital et le tendit par la fenêtre.

À quelques rues de là, on entendit hurler une sirène. Tous les bâtiments étaient plongés dans le noir.

La cible de Balint s'approcha lentement du véhicule, lui prit le badge des mains et l'examina attentivement. Puis elle le lui rendit.

– Je fais comment pour aller à cette auberge ?

– Tu restes sur Fox Avenue jusqu'à Garfield Avenue. Tu marches tout droit sur environ quatre kilomètres puis tu tournes à gauche sur Arthur Avenue. Tu ne pourras pas la manquer.

Il mentait.

La fille trembla.

– Quatre kilomètres ?

– Soit tu y vas à pied, soit je te conduis là-bas, dit Balint en s'efforçant de prendre un air indifférent. C'est toi qui décides.

Elle fit quelques pas en arrière et, pendant un instant, il eut peur qu'elle choisisse de marcher. Mais elle ouvrit la portière et s'installa sur le siège passager, son sac coincé entre ses jambes. Il lui sourit et fit démarrer doucement la voiture.

– Comment tu t'appelles ?

– Jane.

Il aurait parié un mois de salaire que c'était un faux nom. Peu importe. Il était mal placé pour critiquer un si petit mensonge.

– Ravi de faire ta connaissance, Jane, moi c'est Jeremy.

Ils roulaient doucement le long des rues désertes, à l'écart des grandes avenues de la ville de Jersey. Balint tâchait d'éviter les nids-de-poule tout en inspectant les alentours à la recherche d'un endroit approprié pour y abandonner un cadavre. Après avoir traversé une zone industrielle, ils arrivèrent dans un quartier aux maisons en bois en piteux état.

– Tu viens d'où ? demanda Balint.

– Quelque part. Vous êtes sûr que vous connaissez le chemin ?

– On y est presque.

Il freina brusquement.

– Bon sang ! s'écria-t-il. Je crois que j'ai cogné quelque chose.

Il sortit en trombe de la voiture. La fille sortit elle aussi, comme il l'avait espéré. À droite se trouvait un terrain de jeu inhospitalier, avec des portiques d'escalade et des barres pour faire des acrobaties, qui montaient bien au-dessus des barrières en fer longeant le parc. En journée, il devait y avoir plein d'enfants, se dit Balint. De l'autre côté de la rue, un parking payant vide proposait des locations au mois bon marché.

Il ouvrit le coffre et en sortit sa pelle à déneiger.

– Tu peux vérifier les pneus avant ? demanda-t-il à l'ado.

Jane obéit. Tandis qu'elle se penchait légèrement en avant, il abattit la pelle sur son crâne. Il était conscient qu'il venait de courir un risque, un autre véhicule pourrait très bien arriver. Dans ce cas, il n'aurait pas dit qu'il avait pris la petite en stop, il aurait fait croire à un accident et prétendu qu'il avait percuté la jeune fille ; ce serait la parole de l'adolescente contre la sienne. Fort heureusement, personne ne vint le déranger.

Balint se dépêcha de porter le corps flasque jusqu'à l'entrée de l'aire de jeux. Puis il serra les mains autour de son cou. Il fut surpris de se sentir parfaitement calme tandis qu'il arrachait cette enfant à la vie. Plus de frissons nerveux ni de poussée d'adrénaline. Dorénavant, tuer était devenu une routine. Tout en nouant les sept rubans, il constata qu'il n'éprouvait qu'une indifférence lasse.

*

Le jour suivant, Balint fut de nouveau convoqué dans le bureau de Bruce Sanditz. Il trouva son directeur de département installé à son bureau, en train de se gaver d'un énorme sandwich au pastrami. Des petits bouts de laitue restaient coincés entre les prémolaires du néphrologue. Même vêtu d'un simple pull en cashmere sans veste de costume, son patron restait élégant.

– Asseyez-vous Jeremy. Vous devez penser, que toute cette charcuterie me tuera. Eh bien, si je vous dis que mon père a cent deux ans et que ça fait un demi-siècle qu'il se régale de deux sandwiches au pastrami chaque jour ?

– Je vous dirais qu'il a de bons gènes et beaucoup de chance, répondit Balint.

– Moi aussi, acquiesça Sanditz en rigolant. Malheureusement, mon père est mort à soixante-trois ans d'un mélanome malin. Mais s'il était encore de notre monde, je vous assure qu'il dévorerait de la viande comme si c'était son dernier jour à vivre.

– Je n'en doute pas.

– Bon, je ne vous ai pas fait venir jusqu'ici pour vous parler de mon artériosclérose. Vous voulez la bonne nouvelle ou la mauvaise pour commencer ?

Balint se demanda si c'était une question piège, s'il risquait de tomber dans un guet-apens qui lui coûterait son poste.

– La mauvaise.

– Parfait. Nous avons la même vision des choses, répliqua Sanditz. On affronte la tempête et ensuite on profite du calme... Donc, la mauvaise nouvelle, Dr Balint, c'est que j'espère bien vivre jusqu'à la fin des temps. Ou, au moins, jusqu'au bel âge de cent deux ans... et, je n'ai pas l'intention de partir en retraite. Jamais.

– C'est ça la mauvaise nouvelle ?

– Pour vous, oui. Parce que si je devais recommander quelqu'un au Dr Kimball pour prendre ma suite en tant que directeur du département, ce serait certainement vous – c'était la bonne nouvelle.

– Merci. Je suis très touché.

– Vous voulez savoir pourquoi ?

Balint scruta le visage du directeur mais il ne sut lire son expression.

– Est-ce que je veux savoir ? demanda Balint à son tour.

– Bien évidemment !

Sanditz sortit un mouchoir de la poche de son pantalon pour s'éponger le front.

– Je vous recommanderais sans hésitation pour me succéder parce que la réputation de l'hôpital méthodiste de Laurendale est en partie fondée sur la qualité de nos équipes médicales. Mais également, et plus encore, sur notre nom. Et le vôtre apparaît lorsqu'il s'agit de notre implication en matière d'éthique. Vous voyez où je veux en venir ?

– Je ne suis pas sûr.

– Eh bien, moi, j'en suis sûr. Mon ancien stagiaire m'a laissé entendre que vous alliez recevoir le prix Wenger, décerné par l'Université de Médecine Américaine.

Balint ne s'attendait pas à gagner.

– Mon Dieu ! s'exclama-t-il.

– Je doute que Dieu ait quelque chose à voir là-dedans. Tout l'honneur vous revient, Jeremy. Vous les avez beaucoup impressionnés avec votre projet de dispensaire.

– Vraiment, ce n'est pas grand-chose…

– La seule autre personne qui aurait mérité des remerciements, c'est le pauvre Sugarman, qui m'a fait part de votre travail pour les démunis. C'est bien triste pour lui.

– Il ne se passe pas un jour sans que je pense à Warren, mentit Balint.

– C'est la même chose à la maison. Jeanine ne s'en remet pas. Entre nous, elle voit quelqu'un, un psychologue je crois. Je ne suis pas certain que ça puisse l'aider. Elle a surtout besoin de temps. Seulement la sécu paye les psychologues, pas le temps…

– Je suis désolé pour votre fille.

Étrangement, Balint fut réellement attristé, un court instant – il n'éprouvait aucun remords à avoir tué son ennemi mais plutôt une sorte de chagrin, comme si c'était quelqu'un d'autre qui avait tué le fiancé de la pauvre Jeanine.

– J'espère sincèrement qu'ils finiront par attraper ce salaud, dit Balint. Même si, pour tout vous dire, je ne suis pas très optimiste.

– Ils y arriveront. Vous pouvez me croire, Jeremy, j'ai plus d'expérience que vous en la matière : ça fait presque soixante ans que j'écoute les comptes rendus sur les crimes non résolus. Vous savez ce que ça m'a appris ?

– Non, quoi ?

– Ces types finissent toujours par se faire attraper. Ils parlent trop – ils se vantent auprès d'une petite amie, se confient à un voisin… ou se font arrêter pour autre chose et crachent le morceau au type de la cellule d'à côté. Une fois sur deux, le codétenu est un flic sous couverture. Alors écoutez-moi bien, Jeremy : dans un an, on sera assis ici, dans mon bureau, et on assistera au procès de cet Étrangleur, en direct, à la télé…

– Si seulement ça pouvait être vrai !

– Vous verrez que j'ai raison. Enfin, vous avez sans doute mieux à faire que de parler des tueurs en série. Retournez au travail. Faites gagner de l'argent à notre hôpital. Encore toutes mes félicitations – mais souvenez-vous, rien n'est encore officiel. On vous désignera comme faisant partie des finalistes la semaine prochaine et on vous invitera au banquet annuel, à New York, où le prix sera décerné. Quand ils vous appelleront, ayez l'air surpris.

– Je ne dirai pas un mot. Prenez soin de vos artères.

– Les plus résistantes au monde, dit Sanditz qui était déjà plongé dans son prochain dossier. Après le Teflon !

*

Dès son retour à la maison, Balint partagea son succès avec Dalila. S'il était encore avec Amanda, il lui aurait fallu garder le secret ou bien la moitié du New Jersey aurait été au courant. Mais Dalila était aussi discrète que dévouée : lorsqu'il lui dit qu'il avait promis à Sanditz de ne pas partager l'information avec qui que ce soit avant la cérémonie, elle se demanda s'il avait bien fait de la mettre dans la confidence.

– Je ferai de mon mieux pour avoir l'air surprise, dit-elle. Et je tiendrai ma langue, j'aurais trop honte de faire une bourde.

Elle raconta qu'elle avait lu un roman sur un éleveur qui truquait les courses de chevaux, et qui avait été percé à jour parce que sa femme portait des tenues extravagantes les jours où ils devaient gagner.

– Je t'ai promis que je n'aurais aucun secret pour toi, dit Balint. Pas même les petits secrets.

Elle le serra fort contre elle.

– Je ne sais toujours pas comment j'ai fait pour que tu tombes amoureux de moi. Même si tu décidais de me quitter demain, je serais malgré tout heureuse des moments que nous avons pu partager. Vraiment.

Balint savoura la chaleur de son corps gracile.

– Je n'ai aucune intention de te quitter.

Ils firent l'amour dans trois différentes pièces de la maison ce soir-là et, le jour suivant, il se dit qu'il n'avait jamais été de meilleure humeur de toute sa vie. Il était presque parvenu à oublier qu'il lui restait un crime à commettre. Même lorsque l'inspecteur Putnam annonça la découverte de sa plus récente victime, dont le nom était bien Jane – Jane Johnson de Belfast, Maine – Balint se sentit assez peu concerné par la nouvelle. Sa propre vie semblait de plus en plus détachée de ses meurtres.

Il ne prêta pas attention aux petites notes posées sur son bureau jusqu'à cc que la réceptionniste lui rappelle qu'il avait reçu trois appels de la même personne : le Dr Kimball. Le Dr Marion Robbins Kimball IV, le président de l'hôpital ! Balint avait déjà croisé le grand directeur et était passé devant les portes en chêne de son bureau du deuxième étage un nombre incalculable de fois – mais il se sentait relativement peu concerné par les allées et venues du patriarche de l'établissement. Le Dr Kimball se faisait discret à l'hôpital de Laurendale, laissant les affaires publiques aux mains des vice-présidents et des directeurs de département. On disait également de lui qu'il était aussi pragmatique qu'impitoyable. Son arrière-grand-père, Francis Marion Kimball, fonda un dispensaire à la fin du XIXe siècle. Son oncle, Marion Robbins Kimball III, transforma la petite clinique dont il avait hérité en un grand centre de soins reconnu au niveau national. Qu'un chercheur de la pointure de Bruce Sanditz veuille quitter l'institut John Hopkins pour s'enterrer dans le New Jersey, était en soi un gage des dons de recruteur de Kimball.

La main de Balint tremblait au moment de composer le numéro. Il s'attendait au pire : Kimball faisait le ménage – il avait décidé de mettre à la porte Sanditz et tous les directeurs de département. Sinon pourquoi l'appeler directement ?

– Je suis le Dr Balint, vous avez essayé de me joindre.

– Jeremy Balint ? Kimball à l'appareil. Pourriez-vous passer me voir ? Si le moment vous convient...

– Je descends tout de suite.

Cinq minutes plus tard, Balint était assis en face à lui. Son bureau était aussi confortable que celui de Sanditz pouvait être spacieux. Hormis l'ordinateur, rien ne semblait avoir changé depuis l'époque de l'arrière-grand-père. Les fenêtres étaient flanquées de rideaux de velours. Les portraits des prestigieux Kimball étaient alignés au mur. Sur les étagères placées derrière le bureau en noyer sculpté, on voyait des photos de Marion qui serrait la main de cinq présidents des États-Unis.

Marion était un homme mince, avec un nez en bec d'oiseau, la cinquantaine. Il portait des lunettes à fine monture mais le monocle lui aurait bien été. Un autre homme était assis à côté de Balint : un cadre plus jeune, plus costaud, avec les cheveux en brosse.

– Jeremy Balint, voici Roger Slade, relations publiques.

Balint se rappela son nom immédiatement. Il s'agissait de l'auteur de tous les e-mails autour de la mort de Sugarman.

– Ravi de faire votre connaissance, Dr Balint.

Slade n'était pas médecin, se rappela-t-il. Il lui serra la main.

Kimball proposa un cigare que Balint déclina. Le président de l'hôpital en alluma un pour lui et laissa la fumée bleue décrire des volutes jusqu'au plafond.

– Je suis désolé de ne pas avoir pu vous rencontrer plus tôt. Voilà le genre de choses que je remets toujours au lendemain, et je me retrouve obligé de me présenter dans des circonstances tragiques. Je suppose que je n'ai personne d'autre à blâmer que moi-même.

Les mots « circonstances tragiques » atteignirent Balint à l'estomac. Il pensa aussitôt qu'il était arrivé quelque chose aux filles – mais cela n'avait pas de sens. Pourquoi le président de l'hôpital lui ferait-il part d'un problème familial ? Il était plus probable qu'on ait découvert un comportement suspect dans son travail. Peut-être même avait-on compris qu'il était l'Étrangleur à l'Émeraude mais on préférait étouffer l'affaire. Cela expliquerait la présence du cadre des relations publiques. Cette révélation serait un désastre pour l'hôpital. Après tout, on avait déjà essayé de couvrir des affaires encore plus graves. Le Watergate, par exemple.

– Vous vous demandez certainement pourquoi je vous ai convoqué, dit Kimball.

Un long silence suivit et Balint réalisa que l'administrateur attendait sa réponse.

– Oui… oui pour quelle raison ? bafouilla-t-il.

Kimball retira ses lunettes, essuya les verres avec un mouchoir puis les replaça sur son nez.

– Je suis navré de devoir vous apporter une mauvaise nouvelle, mais je n'ai pas le choix. Votre collègue, Bruce Sanditz, est mort ce matin.

– Sanditz ? Mort ?

– J'en ai bien peur. Assez brutalement, je dois dire. Il y a moins de deux heures, il était assis dans votre fauteuil, et voilà qu'il est allongé sur une table réfrigérée au sous-sol. Crise cardiaque, semble-t-il. Dès que nous aurons fini cet entretien, Roger appellera sa famille pour les en informer.

Balint eut du mal à digérer la nouvelle.

– Sa femme n'est pas au courant ? demanda Balint.

– Pas encore, répondit Kimball. Elle le sera bientôt. Mais vous comprendrez qu'il y a certaines priorités… pour le bien de notre établissement.

– Bien entendu, répondit Balint par pure politesse.

– Bruce Sanditz était un type bien. Un directeur de premier choix. Cependant, depuis un certain temps, je me disais que ce département avait besoin de sang neuf pour redémarrer plus énergiquement. Donc, je suis ravi de vous annoncer que vous êtes le nouveau directeur du département de médecine. Votre nomination prend effet immédiatement.

Le président ne lui laissait pas le choix. Et il ne pouvait pas faire faux bond à Kimball – il n'avait d'ailleurs aucune raison de le faire. Trop peur de se faire réduire en bouillie.

– Temporairement ? demanda Balint.

– À durée indéterminée, répliqua Kimball. Nous désirons que la transition se fasse en douceur. Qui plus est, j'en ai par-dessus la tête de toutes ces nominations temporaires, comités de recrutement et que sais-je encore. Un jour, j'ai vu une affiche qui disait : « Si Moïse avait été un comité, les Israélites erreraient encore dans le désert. » À notre époque, ce qu'il nous faut, c'est une bonne équipe de direction et de la stabilité. Maintenant, faites annuler vos rendez-vous pour la journée, nous aurons une conférence de presse à midi. Roger vous présentera, dit-il en écrasant sa cigarette.

– Je ne sais pas quoi vous dire, répondit Balint. C'est un honneur pour moi.

– On m'a dit que l'éthique, c'est votre truc, fit Kimball. Pas plus tard que la semaine dernière, Bruce était assis dans ce fauteuil et vous surnommait « la conscience de la médecine ». Il a ajouté que vous alliez remporter un grand prix.

– Le prix Wenger d'Éthique en Médecine.

– Wenger, c'est ça. Bien. Je tenais aussi à vous rassurer, votre nouveau poste de directeur ne devrait pas interférer avec votre mission en tant que médecin au sein dc notre établissement. Vous continuerez comme avant, seulement dans un bureau plus spacieux. Roger s'occupera du reste.

14

L'épouse de Bruce Sanditz avait accompagné sa fille sur la tombe de Warren Sugarman ce matin-là, et avait oublié son téléphone sur la table de la cuisine. De retour du cimetière, elles déjeunèrent au Marston Moor. Les gérants, trois frères grecs, laissaient la télévision au-dessus du comptoir branchée en permanence. Après la brève allocution de l'inspecteur Mazzotta, qui ne montrait aucune évolution récente sur le meurtre Constantinou, madame Sanditz se retrouva devant un flash d'information local où Roger Slade annonçait la mort de son mari. Balint passa les trois jours suivants à s'excuser, auprès de qui voulait l'entendre, pour cette impardonnable maladresse. Lorsqu'il réussit enfin à joindre la veuve, elle lui cracha qu'il pouvait « prendre ce nouveau job et aller crever », puis raccrocha. C'est ainsi que débuta sa prise de fonction à la tête du département de médecine de l'hôpital méthodiste de Laurendale.

Kimball avait dit vrai : la seule différence avec son ancien poste était la taille du bureau – il aurait pu s'y entraîner au golf – et sa fenêtre d'angle lui offrait une vue panoramique sur les hameaux chics situés en bord de mer, mais la direction ne lui avait pas apporté davantage de responsabilités. Les embauches et les licenciements, qu'on avait longtemps attribués à Sanditz, étaient décidés plus haut. Même le non-renouvellement du poste du jeune interne qui s'était plaint des droits d'entrée au banquet semblait être une coïncidence. Balint usa des privilèges que sa fonction lui donnait pour demander à examiner le dossier de son prédécesseur et apprit qu'on l'avait surpris à fabriquer des données médicales de toutes pièces. Heureusement, si Balint ne disposait pas de plus de pouvoirs qu'avant, ses collègues n'en savaient rien. Des oncologues et pneumologues qu'il connaissait à peine se bousculaient pour venir le féliciter. Seul Myron Salt nageait à contre-courant. Un soir, Balint rencontra le neurologue sur le parking, qui l'avertit en ces termes :

– « Ceux qui peuvent, font ; ceux qui ne peuvent pas, enseignent ; et ceux qui ne savent même pas faire ça deviennent administrateurs. » Tu es bien trop malin pour gaspiller le meilleur de ta carrière à commander des trombones.

Salt avait raison. D'un autre côté, Kimball avait triplé son salaire du jour au lendemain. Il se dit que tant que son divorce n'était pas prononcé, il avait bien fait d'accepter la promotion. Il ne serait pas obligé d'occuper ce poste toute sa vie, ni même de rester à l'hôpital de Laurendale. En fait, à long terme, une fois les meurtres derrière lui, le plus prudent serait de quitter la région.

Balint se préparait à commettre son dernier meurtre, qui aurait lieu dans le Connecticut, lorsqu'il reçut la visite impromptue d'Etan Steinhoff. Comme à son habitude, le rabbin surgissait sans prévenir.

– L'hôpital vient d'ouvrir un nouveau magasin dans le hall d'accueil, expliqua-t-il. Les relations publiques ont pensé que ça ferait bien d'avoir un rabbin sous la main pour une petite bénédiction.

Balint était certain que son prédécesseur, Rabbi Felder, n'avait jamais béni une boutique de souvenirs.

– Parfois, j'ai l'impression que cet hôpital est une grande entreprise de relations publiques qui dispense, à l'occasion, quelques soins médicaux, observa Balint. Y a-t-il une prière en particulier pour ce genre d'occasion ?

– Parfaitement, pour toutes les occasions, les boutiques de souvenirs, les chameaux, le papier peint, même la viande qui n'est pas casher.

– Et pour les tueurs en série ? demanda Balint.

Steinhoff le regarda comme s'il lui avait parlé en chinois, puis lui fit un grand sourire.

– C'était une blague, c'est ça ?

– Vous avez compris, dit Balint, qui fit exprès de jeter un œil à sa montre. Qu'est-ce que je peux faire pour vous aujourd'hui ?

– Vous permettez que je m'asseye ?

Steinhoff prit son silence pour une invitation à s'asseoir.

– J'ai bien peur de vous apporter des mauvaises nouvelles, au sujet du projet Cain.

– Laissez-moi deviner. Les parents ne sont pas assez malades et vous voulez que je commence à les empoisonner en douce.

Le rabbin considéra son offre pendant un moment.

– Pas du tout, dit-il. Les parents sont déjà malades, mais ils vont se faire soigner ailleurs. Aux urgences, dans les centres de soins des églises catholiques. Nous avons décidé d'arrêter les dispensaires. Je suis désolé d'avoir à vous l'apprendre...

– Ce n'est pas la fin du monde, dit Balint – même si au fond de lui, il était déçu. Je suppose que Cain, ce n'était pas si bien... C'était une blague, ça aussi, ajouta-t-il après un long silence.

Le rabbin esquissa un sourire forcé.

– Il n'est pas question d'abandonner le projet. Loin de là. Nous fermons juste les dispensaires, expliqua-t-il. Nous avons trouvé un moyen bien plus efficace d'attirer les enfants dans nos sessions avec les mères de substitution. Des baskets gratuites. Entre Nike et Reebok, on nous a en donné assez pour chausser tous les enfants pauvres du New Jersey.

Balint éclata de rire – la première fois depuis des mois.

– J'ai dit quelque chose de drôle ? demanda Steinhoff.

Balint se calma.

– Cette histoire de chausser, ça m'a fait penser aux fers à cheval, je ne sais pas pourquoi ça m'a fait rire...

– Je vois, dit Steinhoff, qui ne voyait pas du tout.

Le rabbin vérifia son téléphone et se leva.

– Est-ce que tout va bien, Jeremy ? Si vous voulez parler de votre mariage – ou d'autre chose – je vous renouvelle ma proposition.

– Non, merci. Mais je crois que vous allez pouvoir me rendre un service.

Steinhoff, ravi, ouvrit de grands yeux.

– Que voulez-vous ?

– Une nouvelle paire de baskets.

Le rabbin eut l'air très déçu, comme si Balint venait de nier l'omnipotence de Dieu ou s'était mis à vénérer des idoles.

– Je verrai ce que je peux faire. S'il nous en reste.

Steinhoff avait déjà passé la porte quand Balint le rappela :

– Vous ne m'avez même pas demandé ma pointure !

*

Ainsi que le lui avait promis Bruce Sanditz, la directrice exécutive de l'Université de Médecine Américaine appela Balint la semaine suivante pour l'inviter à leur banquet annuel à Manhattan.

– Je suis désolée de vous prévenir au dernier moment, expliqua-t-elle, certains membres du bureau voulaient repousser l'événement à cause de l'Étrangleur.

L'association avait dû procéder à un sondage auprès des responsables des différentes antennes et découvert que la moitié refusait de se rendre à New York tant que le tueur en série n'était pas derrière les barreaux.

– Si vous ne pouvez pas venir, ajouta-t-elle, nous comprendrons. Je vous promets que ça n'affectera pas votre éventuelle nomination pour le prix Wenger.

Balint était fier que son œuvre puisse avoir un impact sur la vie de ses confrères.

– Je ne manquerai ça pour rien au monde, dit-il. Si vous pensez que ce cinglé avec ses rubans verts va me faire peur, vous ne me connaissez pas…

– C'est formidable. Si seulement les autres membres pouvaient penser comme vous.

Elle lui fit parvenir une invitation par e-mail l'après-midi même et, deux semaines plus tard, il déposait son manteau aux vestiaires de l'Hôtel Waldorf Astoria et accompagnait Dalila dans la salle de bal. Ses parents étaient arrivés en train plus tôt dans la journée et avaient emmené les filles au Muséum d'histoire naturelle voir une exposition sur les dinosaures. Maintenant, ils étaient assis tous les six à l'une des tables principales, près des autres finalistes et de leurs épouses respectives. Un examen impartial des deux autres candidatures aurait rapidement évincé son projet. Dr Feig, spécialiste des maladies infectieuses, était le lanceur d'alerte qui avait révélé à la presse les détails de l'Opération Cobalt, un protocole datant de la guerre froide au cours duquel les militaires testaient des armes biologiques sur des cultivateurs de cacahuètes afro-américains du Mississippi – à leur insu. Le Dr Sestito, cardiologue, avait, de ses propres mains, sauvé seize enfants d'un hôpital en feu durant un tremblement de terre en Californie. Cette femme était aussi splendide que courageuse, malgré les importantes marques de brûlures sur ses mains et ses avant-bras. Même avec le coup de pouce de son défunt patron, Balint ne voyait pas comment il avait pu éclipser ses deux concurrents.

Il savourait la présence de Dalila à ses côtés. Au contraire d'Amanda, elle ne monopolisait pas la conversation ; elle passa une grande partie de la cérémonie à s'occuper des filles, permettant ainsi à Balint de discuter avec ses collègues. On avait servi l'entrée quand la conversation s'orienta sur l'Étrangleur à l'Émeraude.

– On a failli ne pas venir, dit le mari du Dr Sestito. En fait, nous repartirons demain par le premier vol, il n'y a aucune raison de prendre des risques inutiles.

– Tu vois, interrompit la mère de Balint à l'autre bout de la table, Henry et moi ne sommes pas les seuls à nous inquiéter.

– Nous avons convenu de ne jamais nous éloigner l'un de l'autre, ajouta le mari. Pas même pour aller aux toilettes. Et nous avons laissé nos jumeaux à San Diego.

– Ils ont douze ans, précisa l'épouse. Ils étaient tellement déçus de ne pas venir.

La mère de Balint pensait que c'était bien mieux d'avoir laissé les enfants en Californie. Pendant ce temps, Dalila montrait à Jessie comment faire des cygnes en origami avec la serviette en papier de la corbeille à pain.

– J'ai horreur de sortir du lot, dit Warner Feig, le lanceur d'alerte. Mais je ne suis pas d'accord avec vous. Prendre l'avion depuis la Californie était bien plus dangereux que de vous retrouver dans cette salle de conférence – même si vous n'avez qu'une chance sur plusieurs millions de vous écraser en jet. En réalité, l'acte le plus dangereux que vous ayez effectué cette semaine est certainement d'avoir pris la voiture pour aller à l'aéroport.

Balint pensait exactement la même chose mais il était content qu'un autre se soit chargé de faire dévier la conversation. Un silence gêné s'ensuivit. Heureusement, on débarrassa les assiettes peu après et le maître de cérémonie, prix Nobel en physiologie, se leva et prit le micro.

– L'honneur me revient d'appeler le premier vainqueur du prix Donald S. Wenger d'Éthique en Médecine…

Les organisateurs avaient plagié la remise des Oscars en glissant le nom du grand gagnant à l'intérieur d'une enveloppe argentée chatoyante. Jusqu'à la dernière seconde, Balint était persuadé que Sanditz avait été mal renseigné, que Feig ou Sestito serait désigné. Il se trouva soudain au centre de toute l'attention, se leva et se dirigea vers le micro sous une cascade d'applaudissements.

Le prix Nobel lui serra la main, murmura quelques paroles inaudibles, et tendit le micro à Balint. Tandis qu'il répétait « merci », le silence tomba sur l'assemblée. Tout à coup, on entendit une petite voix demander :

– C'est papa qui a gagné ?

La voix aiguë de Phoebe traversa la salle entière. Tous les yeux allaient et venaient du cardiologue à sa fille. Si Balint avait voulu mettre au point un tel dialogue, il n'aurait pu faire mieux.

– Oui, princesse, répondit-il. C'est papa qui a gagné.

L'échange déclencha des cris de joie et des rires parmi l'audience.

*

Le vent en poupe grâce à ses triomphes successifs – son nouveau poste de directeur de département, puis l'obtention du prix d'éthique – Balint était décidé à aller au bout de la série de meurtres dès que possible. En fait, il avait plutôt envie de s'en tenir là, d'en rester à six cadavres, en espérant que la découverte du corps de Jane Johnson suffirait à distraire les autorités de celui de Warren Sugarman. Si Putnam et Mazzotta avaient été les seuls à enquêter, la décision aurait été vite prise, même s'il reconnaissait que réviser ses projets à la baisse avait envoyé en taule d'autres tueurs en série avant lui. S'il estimait devoir aller jusqu'au bout, c'était par peur de Ralph

Spitford. Balint sentait qu'il avait là un adversaire futé à ne pas sous-estimer. Il était le seul à avoir compris pour le cadavre manquant et, au cours d'un récent entretien télévisé, il avait constaté que la dernière victime n'avait pas le même profil que les précédentes.

– Il est possible que nous ayons affaire à un second meurtrier, dit le shérif au parler franc, en faisant remarquer qu'on était passé de victimes issues de la classe moyenne à une jeune fugueuse. Une autre option, c'est que notre tueur ait décidé de ne pas prendre de risques. Pour quelle raison, c'est difficile à dire. Mais nous finirons par trouver.

Ce soir-là, Balint décida de s'attaquer une fois de plus à un habitant de la banlieue pour éviter de l'avoir dans l'os.

Le dernier trimestre d'études était bientôt fini pour Dalila – Balint aurait moins d'opportunités pour s'absenter plusieurs heures sans se faire remarquer. Ainsi, un vendredi après-midi, il prétexta un mal de dos pour annuler tous ses rendez-vous et traversa le Bronx et le comté de Westchester pour se rendre dans le sud du Connecticut. Il portait sa dernière paire de gants en latex par-dessus ses bons vieux gants en cuir, les derniers rubans verts enfouis dans sa poche. Tandis qu'il conduisait – fenêtres ouvertes, écoutant de vieilles chansons à la radio – il savourait le plaisir insouciant d'un homme en train d'achever un long et pénible voyage. Si son périple ne s'était pas déroulé comme prévu, l'important était que sa situation s'était améliorée. S'il ne s'était pas mis en tête de tuer Sugarman, il n'aurait peut-être pas fini dans les bras de Dalila. Il ne serait peut-être pas devenu le plus jeune directeur de département de l'hôpital méthodiste de Laurendale depuis sa création, cent quarante-six ans plus tôt.

Balint quitta l'autoroute I95 en sortant à Cloverdale. Il traversa à faible allure le quartier commercial – passa devant des boutiques chics, une pizzeria et une entreprise de pompes funèbres avec un corbillard garé devant. Dans une rue adjacente, il repéra deux femmes en jogging qui pratiquaient la marche rapide. Il fit le tour du pâté de maisons, espérant qu'elles se sépareraient, mais quand il les retrouva, elles s'étaient arrêtées et bavardaient au pied d'une résidence de style Tudor. La porte du garage était grande ouverte et l'on ne voyait qu'une seule voiture. Dans une communauté de classe moyenne telle que celle de Cloverdale, où la norme était d'avoir deux ou trois voitures par foyer, cela signifiait que sa cible allait rentrer dans une maison vide. En prévision de son attaque, Balint gara la Mercedes le long du trottoir.

Dans son rétroviseur intérieur, il observa que l'une des femmes reprenait la marche tandis que l'autre, potelée, la quarantaine, empruntait le chemin entre le garage et la maison. Il toucha les rubans dans sa poche. C'était maintenant ou jamais, il le savait.

Il tendit la main pour éteindre la radio. Au même instant, le DJ interrompit *Earth Engel*[1] pour un flash. « Dernières nouvelles, annonça Brother Charlie, bulletin d'informations spécial. Un suspect a été identifié dans l'affaire de l'Étrangleur à l'Émeraude ». Balint retint sa respiration : il attendait que le pays tout entier découvre l'identité du tueur en série – se demandant si ce serait son nom qu'on entendrait à la radio.

1. Slow du groupe *Penguins* datant de 1954.

Quelques secondes plus tard, la parole était donnée au shérif Spitford.

– Ça fait plus d'une semaine que nous avons le suspect en garde à vue pour un autre motif d'inculpation. Nous avons des preuves ADN qui le relient directement à deux décès par strangulation dans le Wisconsin en 2007. Par ailleurs, nous avons un témoin oculaire – la petite fille du couple assassiné à Cobb's Crossing, New York – qui a désigné le suspect lors d'une séance d'identification comme étant l'homme qu'elle avait vu garé devant leur maison, le matin où ses grands-parents ont été tués.

Spitford prononça le nom du suspect. Il n'en avait jamais entendu parler.

Un journaliste demanda au shérif s'il était certain d'avoir mis la main sur l'assassin et si ce dernier avait agi seul.

– Nous sommes sûrs à cent pour cent, répondit Spitford. Et, oui, il a agi seul.

Une pulsion perverse lui intimait l'ordre de tuer une dernière fois, rien que pour montrer à Spitford qu'il avait tort. Il aurait donné presque n'importe quoi pour regarder le policier, humilié, revenir sur ses paroles le lendemain. Mais le mot-clef était *presque*. Ce que Balint n'était pas prêt à sacrifier, c'était sa liberté et l'avenir de ses filles. Cela voulait dire qu'il devait s'arrêter de tuer. Au lieu d'assassiner un étranger, il allait conduire jusqu'au lac de Shearwater et jeter le reste des rubans au fond de l'eau. Il retira les gants et les glissa dans sa poche ; ceux-là aussi devraient aller dans le lac.

On cogna à la fenêtre de la Mercedes et il sortit de sa rêverie. Il leva les yeux et se trouva nez à nez avec une policière noire. Une étiquette sur son uniforme indiquait « AUXILIAIRE DE PATROUILLE ».

– Tout va bien, monsieur ? demanda-t-elle.

– Oui, merci, répondit aussitôt Balint. Je croyais que j'étais perdu mais ça va. Je sais exactement où je vais.

– Tant mieux, répondit l'agent. Soyez prudent.

Balint démarra et ne regarda pas en arrière.

*

Le divorce de Balint fut prononcé un peu plus tard dans la semaine. Amanda l'avait appelé et lui avait proposé un arrangement tellement raisonnable qu'il ne voyait pas l'intérêt d'engager un avocat. Elle revendiquait la moitié de leurs économies et la garde partagée des enfants. Enfin, elle voulait garder leur maison jusqu'à ce que Phoebe entre à l'université, puis ils pourraient la vendre. Balint fut surpris qu'elle ne réclame aucune pension alimentaire ni pour elle ni pour les filles.

– Ce que je veux par-dessus tout, Jeremy, c'est une séparation franche, je veux aller de l'avant. Et, en fait, je préférerais crever dans un fossé plutôt que de dépendre de toi pour quoi que ce soit, lui dit-elle au téléphone.

Sa voix n'était pas amère, sans trace de colère, simplement factuelle, comme si Amanda discutait des différentes méthodes pour classer des livres. Leur mariage lui semblait déjà lointain, presque inexplicable.

Le dimanche matin, tôt, Balint passa lui déposer les papiers du divorce. Il espérait faire la surprise à ses filles, qui ne l'attendaient pas avant l'après-midi.

Amanda ouvrit la porte dans sa robe de chambre en polaire. Elle n'avait pas l'air ravie de le voir.

– Jeremy, tu ne peux pas débarquer comme ça.

Elle ne l'invita pas à entrer. Il lui tendit les papiers.

– Je me suis dit que ça t'intéresserait de les avoir.

Amanda les regarda et acquiesça.

– Tu aurais dû téléphoner.

– La prochaine fois, promis.

Balint sc tenait sous le porche recouvert d'ardoises dont il était, d'un point de vue légal, à moitié propriétaire. Sa femme avait la main posée sur la poignée de la porte.

– Tu voulais autre chose ? demanda-t-elle.

– Je peux embrasser les filles ?

– Tu les vois dans quatre heures, dit-elle exaspérée.

– Je t'en prie, je voulais leur faire la surprise. Juste pour cette fois.

À ce moment-là, Balint remarqua un mouvement dans l'entrée. Puis un homme demanda :

– Tout va bien ?

Il reconnut immédiatement la voix de baryton, même sortie de son contexte. Etan Steinhoff. Apparemment, le rabbin avait voulu essayer ce que Balint lui avait suggéré – une relation extra-conjugale. Ce qui l'étonna le plus fut sa propre indifférence : si la liaison d'Amanda avec Sugarman l'avait poussé au meurtre, aujourd'hui, sa petite sauterie avec Steinhoff ne l'affectait pas le moins du monde.

– Ce n'est rien. Juste mon ex-mari, répondit Amanda en s'adressant au rabbin derrière elle. Ce n'est pas le moment, Jeremy, je suis désolée. Reviens à 13 heures.

– Très bien. Je comprends.

En se retournant pour partir, il raviva le peu d'hébreu qu'il avait appris dans son enfance à la synagogue et cria vers la maison :

– Bonne journée, rabbin ! *Boker tov !*

*

Il n'y avait plus aucune trace de rendez-vous amoureux quand Balint récupéra ses filles à l'heure convenue. Elles lui sautèrent dans les bras ; maintenant qu'elles ne le voyaient plus autant, sa seule présence était une occasion spéciale. Phoebe lui montra ses dessins d'éléphants d'Afrique et d'Asie pour qu'il la félicite.

– Est-ce que tu vois que les oreilles sont différentes ? C'est parce que les éléphants d'Afrique sont plus malins.

– Je vois très bien, répondit Balint. Est-ce que ça veut dire que les gens avec de grandes oreilles sont plus intelligents aussi ?

Phoebe gloussa.

– Non, gros bêta, c'est que les éléphants.

Soudain, il décida de se venger d'Amanda pour ce qu'elle lui avait fait le matin même. Il s'assura qu'elle pouvait l'entendre et dit :

– J'ai une surprise pour vous les filles, c'est en fait une idée de votre belle-mère – même s'ils n'étaient pas encore mariés. Avec Dalila, on vous emmène au zoo.

Qu'Etan Steinhoff essaie de faire mieux qu'une belle-mère qui vous fait apparaître les girafes et les otaries en un claquement de doigts.

Ils grimpèrent tous dans la voiture et traversèrent le pont George Washington pour se rendre à New

York. L'après-midi était douce pour un mois de mai ; sur le chemin qui menait aux primates et aux volières, les jonquilles étaient écloses. Balint et Dalila se tenaient la main comme de jeunes étudiants à leur premier rendez-vous. Tandis que les filles exploraient la mini-ferme, ils attendaient devant les barrières et s'embrassaient.

– Je t'aime, dit Balint. Quelle est cette fameuse phrase de Lou Gehrig[1] : « Aujourd'hui, je me considère comme l'homme le plus heureux de la terre. » Eh bien, c'est exactement ce que je ressens en ce moment.

– Je suis ravie, dit Dalila.

Et ils continuèrent à s'embrasser.

Puis elle demanda :

– Qui est Lou Gehrig ?

D'une certaine façon, la question de Dalila collait parfaitement à l'instant. Non seulement il y avait des choses qu'il pouvait lui apporter mais, en plus, elle désirait sincèrement apprendre. Il ne se rappelait pas la dernière fois qu'Amanda avait montré de la curiosité pour quelque chose qui l'intéressait, lui. Balint allait répondre quand ses filles déboulèrent, les joues rouges, et demandèrent encore des pièces pour acheter de la nourriture aux chèvres. Derrière elles, Balint reconnut un visage familier qu'il n'avait pas du tout envie de voir. Davey Sugarman. Quelques instants plus tard, Gloria Picardo s'avançait vers Balint.

– Quelle coïncidence, s'exclama Gloria. Je te vois partout.

– Je pourrais croire que tu me suis !

1. Joueur américain de baseball qui évolua en Ligue majeure avec les Yankees de New York de 1923 à 1939.

Il lui présenta Dalila.

– Comment vas-tu ? Et ton fils ?

Gloria tourna la tête vers Davey. Le garçon restait à l'écart, contre la barrière de la mini-ferme, et regardait les autres enfants donner à manger aux chèvres et aux moutons.

– Je ne vais pas te cacher la vérité, dit-elle. Il ne va pas bien du tout. Quelque part entre mal et très mal, si je peux être plus précise. Warren était ce qu'il y avait de mieux pour lui. Tu n'imagines pas ce que c'est que de perdre un père qu'on idolâtre alors qu'on est si jeune – et comme ça, tout d'un coup.

– Je crois que je peux imaginer, répondit Balint.

– Ça me fait plaisir de te rencontrer, continua Gloria sans avoir prêté attention à sa remarque, parce que ça fait des semaines que je voulais te remercier.

– Me remercier, moi ?

– Pour ce que tu as dit sur Warren. À la cérémonie. Je n'avais aucune idée de tout cela, mais je comprends mieux maintenant… je n'arrive pas à croire que je soupçonnais Warren de me tromper alors que ces réunions étaient en rapport avec les œuvres de charité, c'est évident. Il n'arrêtait pas de me dire que ce n'était pas ce que je croyais – mais comment aurais-je pu savoir qu'il disait vrai ? Je ne me pardonnerai jamais d'avoir douté de lui…

– C'était un type formidable, dit Balint. Il n'a jamais cessé de t'aimer, d'ailleurs. Il me l'a dit lui-même la semaine avant sa mort…

– C'est gentil de ta part de me le dire, fit-elle en posant sa main sur le bras de Balint. Même si ce n'est pas vrai, ça fait toujours plaisir à entendre.

Quand elle s'en alla, en emmenant son fils aux toilettes, Balint se sentit profondément soulagé. Il pressa la main de Dalila.

– C'est la femme du type qui… ?

Elle finit sa phrase en jetant un regard plein de sous-entendus vers les filles de Balint. *Leurs* filles dorénavant.

– C'est ça, oui.

– Et c'est vrai, il t'a vraiment dit qu'il aimait encore sa femme ?

La question le fit sourire.

– Je t'ai promis de toujours te dire la vérité. Mais pour m'aider à tenir cette promesse, il faudra que tu évites de poser certaines questions.

Dalila éclata de rire.

– Demande accordée.

Il ne repensa plus à Gloria Picardo de tout l'après-midi. Ils laissèrent les filles les guider d'un endroit à l'autre : ils passèrent vingt minutes à guetter les zèbres dans l'enclos Serengeti – du nom d'un grand parc national de Tanzanie – et une demi-heure à épier les lémuriens de Madagascar. En guise de victoire finale, après un tour en monorail à travers l'Asie tropicale, Balint leur offrit un tigre en peluche grandeur nature ; il fallut même ouvrir le toit de la Mercedes pour laisser passer la tête de l'animal. Jessie avait peur que le vent puisse faire mal aux yeux de la créature, si bien qu'ils s'arrêtèrent dans un bazar tout près du zoo pour acheter une paire de lunettes de soleil jetables et un rouleau de scotch.

Tandis que Balint roulait vers sa nouvelle maison, avec sa nouvelle famille, il se disait qu'il avait accompli sa mission avec un grand succès. Il avait mis Dieu échec et mat sans rien laisser au hasard. Il avait effacé la vie de six personnes, dont certaines étaient largement inutiles – comme les Rockingham – ou bien avaient été sauvées d'une future vie de souffrance – comme Kenny McCord – ou encore – comme Sugarman – qui faisait le mal sur terre. Balint avait la conscience tranquille. Il n'avait aucun regret. De plus, il avait fait le nécessaire pour protéger ses filles d'un mariage en perdition – même si les choses n'avaient pas tourné comme il l'avait espéré. Qui pourrait lui en vouloir d'avoir tué pour Phoebe et Jessie ? Qui pourrait jeter la faute sur un homme qui aimait ses enfants autant que lui ?

Ils tournèrent à l'angle de Bonaventure Lane et, quelques secondes après, Balint se gara dans l'allée. Dalila alla ouvrir la porte d'entrée pendant que les filles tentaient d'extraire l'énorme tigre de la voiture. De minuscules boules de polystyrène s'échappèrent de l'une des pattes de l'animal ainsi que de ses oreilles. Balint le tenait à bras-le-corps quand il entendit un cri de surprise.

– Qu'est-ce que c'est ? s'écria Dalila.

Il le vit juste après elle. On l'avait enroulé autour de la poignée. Le satin léger dansait dans la brise. Quelqu'un avait accroché un ruban vert.

RÉALISATION : NORD COMPO À VILLENEUVE-D'ASCQ
IMPRESSION : NORMANDIE ROTO IMPRESSION S.A.S À LONRAI
DÉPÔT LÉGAL : OCTOBRE 2017. N° 137986 (1704041)
IMPRIMÉ EN FRANCE